Sara Janner

Mögen sie Vereine bilden ...

Sara Janner

Mögen sie Vereine bilden…

Frauen und Frauenvereine in Basel im 19. Jahrhundert

173. Neujahrsblatt
Herausgegeben von der Gesellschaft
für das Gute und Gemeinnützige

In Kommission bei Helbing & Lichtenhahn, Basel 1995

Die Deutsche Bibliothek – CIP-Einheitsaufnahme

Janner, Sara:
Mögen sie Vereine bilden …: Frauen und Frauenvereine in Basel im
19. Jahrhundert / Sara Janner. – Basel: Helbing & Lichtenhahn, 1994
   (Neujahrsblatt / Gesellschaft für das Gute und Gemeinnützige; 173)
   ISBN 3-7190-1375-8
NE: Gesellschaft für das Gute und Gemeinnützige ‹Basel›: Neujahrsblatt

Umschlag:
Ohne Titel oder Beschriftung, vier Schwestern aus dem Mittelstand, Kleinbasel / 1905
(auf Rückseite datiert) / August Jehle, Basel / Positiv 100x137 mm, Silbergelatine, Auskopierpapier,
getont, auf beidseitig bedruckten Karton aufgezogen (107x167 mm) / Reproduktion nach
Originalpositiv / Privatbesitz der Verfasserin

© 1994 by Helbing & Lichtenhahn, Basel
Druck: Boehm-Hutter AG, Reinach BL
Fotolithos: Bufot AG, Reinach
Einband: Buchbinderei Flügel, Basel
ISBN 3-7190-1375-8
Bestellnummer 21 01375

Inhaltsverzeichnis

Vorwort

Freunde und Bekannte, Studienkollegen und Lehrer sowie die Mitarbeiter der zahlreichen von mir besuchten Bibliotheken und Archive haben mir in verschiedener Weise geholfen, das Material für das vorliegende Buch zu sammeln und das Manuskript des vorliegenden Textes zu schreiben. Ich möchte ihnen allen an dieser Stelle meinen herzlichen Dank aussprechen.

Mein besonderer Dank für Anregungen, Hinweise sowie Text- und Bildmaterial gilt Herrn Dr. Ulrich Barth vom Staatsarchiv Basel, welcher mich ermunterte, das im Anhang publizierte Verzeichnis der Basler Frauenvereine aus dem *Adressbuch der Stadt Basel* auszuziehen und mir bei der Durchsicht des Manuskripts behilflich war, Frau Marta Bösch, Frau Burckhardt-Sartorius, Herrn Dr. Hans Debrunner, Frau Dr. Elisabeth Flueler, Frau Marie Mathilde Freuler-Bühler, Barbara Frei von der Photosammlung der Basler Mission, Frau Marta Gosteli, Leiterin des Archivs zur Geschichte der schweizerischen Frauenbewegung, Frau Guldimann-Steuer, Frau Dr. Katja Guth-Dreyfus, welche freundlicherweise auch die Durchsicht des Kapitels über den Israelitischen Frauenverein übernahm, Waltraud Haas, welche mir Material aus dem Archiv der Basler Mission für diese Publikation überliess, Paul Jenkins, Leiter des Archivs der Basler Mission, Frau Ruth Marzo, Verwalterin der Lesegesellschaft Basel, der ich den Hinweis auf die Umstände der Gleichstellung der weiblichen und männlichen Mitglieder der Lesegesellschaft verdanke, Frau Dr. Dorothea Roth, welche mir in grosszügiger Weise das von ihr entdeckte Material zur Petition des Lehrerinnenvereins überliess, Herrn Alfred Spycher, welcher mir freundlich erlaubte, seine umfangreichen Exzerpte aus Familienarchiven und Nachlässen einzusehen, Frau Ricabeth Steiger, Sachbearbeiterin des Photoarchivs Höflinger im Staatsarchiv Basel, Frau Dr. Susanna Woodtli, Frau Anneliese Villard-Traber, Herrn Eberhard Zellweger-Stückelberger und Herrn Dr. Laurenz Zellweger-Tanner, welcher freundlicherweise die Durchsicht des Kapitels über die Geschlechtsvormundschaft und die Ehevogtei übernahm sowie Herrn Staatsarchivar Dr. Josef Zwicker.

Für die Bewilligung der Einsicht in ihre Archive und die Gewährung der Publikationsrechte danke ich ferner Frau Brigitta Albrecht-Lachenmeier, Präsidentin des Katholischen Frauenbundes Basel-Stadt, Herrn Jean-Pierre Bloch, Verwalter der Israelitischen Gemeinde Basel, Burkhart Frey und Daniel Goepfert, Sozialdemokratische Partei Basel, Herrn Dr. Urs Gelzer, Präsident der Lesegesellschaft Basel, Herrn Roland Gretler von Gretler's Panoptikum zur Sozialgeschichte, Dr. Philipp Sarasin, Verwalter des Sarasin'schen Familienarchivs, Frau Irene Stähelin-Staehelin, Präsidentin des Basler Frauenvereins am Heuberg, und Frau Anna Stutz, Sekretärin des Schweizerischen Katholischen Frauenbundes, Luzern.

Danken möchte ich schliesslich den Mitgliedern der Kommission für das Neujahrsblatt der GGG, im besonderen dem Präsidenten, Herrn Dr. Friedrich Meyer-Wilhelm
und Frau Doris Tranter, für die Möglichkeit, die Arbeit in der Reihe der Neujahrsblätter
veröffentlichen zu dürfen.

Basel, im September 1994   Sara Janner

I. Einleitung

Vielleicht verspricht der Titel *Frauen und Frauenvereine in Basel im 19. Jahrhundert* zu viel. Es ist durchaus nicht meine Absicht, eine vollständige oder gar systematische Abhandlung zu diesem Thema vorzulegen. Ich versuche, es auf verschiedenen Ebenen und mit verschiedenen gestalterischen Mitteln anzugehen. Übersichtsdarstellungen und Lebensbilder einzelner Frauen wechseln miteinander ab. Im Anhang zu jedem Abschnitt findet sich Material, meist zeitgenössische Texte, welche etwas von der Atmosphäre vermitteln sollen, die ich zu beschreiben und zu deuten suche. Auch wer einmal nicht lesen mag, kommt auf seine Kosten, hoffe ich, beim Betrachten der dreissig Photographien, die dem Text beigegeben sind. Photographien ergänzen in hervorragender Weise die schriftlichen Quellen, da sie Zusammenhänge festhalten, die in Texten kaum dokumentiert sind oder sich nur schwer «auf einen Blick» erfassen lassen. Allerdings bedürfen auch sie einer kritischen Interpretation, da sich ihr historischer Gehalt dem Betrachter nicht unmittelbar erschliesst. Die kurzen Begleittexte sollen deshalb das Lesen dieser Bilder erleichtern. Ich hoffe, auf diese Weise, durch die Gestaltung des Buches selbst, einen Eindruck von der Vielfalt, aber auch von der Widerspenstigkeit und Widersprüchlichkeit des vorhandenen Materials zur Geschichte der Frauen und Frauenvereine in Basel im 19. Jahrhundert vermitteln zu können.

Der Aufbau des Buches entspringt nicht nur einer Laune. Er reflektiert die Quellen- und aktuelle Forschungslage. Es fehlen neuere wissenschaftliche Übersichtsdarstellungen zur Basler Stadtgeschichte. Ein zusammenhängendes Bild der Ereignis- und Sozialgeschichte lässt sich aus den vorhandenen Einzeluntersuchungen, vor allem für das letzte Drittel des 19. Jahrhunderts, nicht gewinnen. Zur Geschichte der Frauen in Basel sind in den letzten zehn Jahren zwar zahlreiche Arbeiten entstanden. Sie beschäftigen sich aber vorwiegend mit den Lebens- und Arbeitsverhältnissen von Frauen aus der Unterschicht. Mit der Entstehung und Entwicklung der zahlreichen Basler Frauenvereine im 19. Jahrhundert hat sich bisher niemand eingehend befasst, Einzeluntersuchungen zur Geschichte der wichtigsten Frauenorganisationen sind kaum vorhanden. Ausstehend sind auch Untersuchungen über die Rolle der Frauen in den verschiedenen religiösen Gemeinschaften, vor allem im Bereich der Armen- und Krankenpflege, oder über ihre Mitarbeit in den zahlreichen sozialen Einrichtungen der Gesellschaft für das Gute und Gemeinnützige, beides Fragestellungen, die für das Verständnis der Hintergründe der Entstehung der grossen Frauenorganisationen in den neunziger Jahren des letzten Jahrhunderts wesentlich wären.

Diesem Mangel kann ich mit der vorliegenden Arbeit nicht abhelfen. Ich habe einzelne Aspekte weiblicher Lebenswirklichkeit herausgegriffen, die mir durch ihren exemplarischen Charakter besonders geeignet scheinen, Wesentliches über das Leben von Frauen in Basel im 19. Jahrhundert auszusagen. Es sollen auch möglichst Lebenserfahrungen von Frauen aus unterschiedlichen Bevölkerungsgruppen und in verschiedenen Momenten des behandelten Zeitraumes erfasst werden. Gleichzeitig versuche ich diejenigen Konstanten und Veränderungen herauszuarbeiten und so weit als möglich zu deuten, die unabhängig vom sozialen Umfeld das Leben von Frauen in Basel prägen.

Mit der offenen Form der Darstellung versuche ich die Schwierigkeit zu lösen, überhaupt eine historische Kontinuität für die Geschichte der Frauen in Basel herzustellen. Denn trotz den zahlreichen, verschiedenartigen Quellen gibt es keine zusammenhängende Überlieferung, aus verschiedenen Gründen. Frauen sind keine homogene soziale Gruppe. Frauen sind in allen sozialen Gruppen vertreten. Sie sind in diejenige soziale Gruppe eingebunden, der sie angehören, ganz besonders in einer Zeit, in der Frauen, um ihre Interessen vertreten zu können, auf die Unterstützung der Männer angewiesen sind. Dass Frauen für ihre Gleichberechtigung kämpfen, bedeutet nicht unbedingt, dass sie gleichzeitig die Politik und den Lebensstil der sozialen Gruppe, der sie angehören, hinterfragen. Frauen aus der Oberschicht unterdrücken Frauen aus der Unterschicht, nehmen die ökonomische Ausbeutung von Frauen durch Männer hin, beteiligen sich daran. Selbständig erwerbende Frauen wollen sich nicht mit Fabrikarbeiterinnen im selben Verein organisieren. Prostituierte und ledige Mütter werden von der «ehrbaren» Frauengemeinschaft ausgeschlossen. Nur ganz wenige Frauen haben im untersuchten Zeitraum versucht, aus diesen gesellschaftlichen Zwängen auszubrechen. Die Zersplitterung der Frauen wird in den Jahren vor dem Ersten Weltkrieg noch verstärkt und institutionalisiert, weil deutlich wird, dass Frauen nur durch den Anschluss an die jeweiligen politischen Organisationen der Männer das Frauenstimmrecht oder doch wenigstens eine Beteiligung an der Politik der Männer mit einiger Aussicht auf Erfolg erkämpfen können. Die Lebenssituation von Frauen einer sozialen Gruppe bleibt sich zudem im untersuchten Zeitraum nicht gleich. Die umwälzenden Veränderungen im sozio-ökonomischen Bereich, welche die Stadt und die städtische Gesellschaft grundlegend verändern, betreffen auch die Frauen. Es sei hier nur auf die für die Zeitgenossen überwältigenden Auswirkungen des rasanten Wachstums der Stadtbevölkerung hingewiesen, dem eigentlichen Motor aller sozialen, ökonomischen und politischen Umwälzungen in Basel im 19. Jahrhundert.

Aber es sind nicht nur die Verschiedenartigkeit der Quellen und die Veränderungen der historischen Bedingungen, in welchen sie entstehen, die mein Vorhaben erschweren. Es ist auch nicht einfach, die Quellen zur Geschichte der Frauen in Basel überhaupt zu finden. Nicht, dass sie besonders selten wären, aber sie lassen sich in der Aktenmasse der verschiedenen Basler Archive nicht ohne weiteres ausfindig machen. Sie sind selten in Katalogen oder Archivrepertorien als eigene Kategorie aufgeführt. Nachlässe von Frauen in Privatarchiven, um nur ein Beispiel zu nennen, finden sich, wenn sie überhaupt verzeichnet werden, im Nachlass des Ehemannes oder sonst eines männlichen Familienangehörigen. Offenbar soll eine Frau auch im archivischen Bereich immer einem Mann zugeordnet sein und nicht als selbständiges Individuum erscheinen. Lässt sich dies bei Familienarchiven des Basler Patriziates als Spiegelung des gruppenspezifischen Frauenbildes in der Anordnung der eigenen historischen Überlieferung deuten, erstaunt es doch etwas, dass die Begriffsbildung der Archivwissenschaft und die daraus abgeleiteten Verzeichnungskriterien nur die männliche Überlieferungstradition berücksichtigen. So werden die rund achtzig Briefe von Esther Emilie Sarasin-Forcart, die wohl aus dem Nachlass ihrer Mutter Margaretha Forcart-Iselin stammen, in das *Repertorium der handschriftlichen Nachlässe* weder unter ihrem Namen noch demjenigen ihrer Mutter aufgenommen, da reine Briefsammlungen, gemäss der üblichen Definition des Begriffes, noch keinen Nachlass machen. Dass es Nachlässe von Frauen gab, lässt sich historisch ohne weiteres nachweisen. Offenbar wurden sie aber von den Erben aufgelöst und entweder vernichtet oder anderen Nachlässen zugeordnet. Frauen hatten also gar nicht die Möglichkeit, der Definition genügende Nachlässe zu hinterlassen, jedenfalls nicht vor der Jahrhundertwende, als die ersten Basler Akademikerinnen eigene, definitionskonforme wissenschaftliche Nachlässe zu bilden beginnen.

Frauen haben während des ganzen 19. Jahrhunderts sehr viel geschrieben und publiziert, haben Tagebücher und Briefe ihren Töchtern und Nichten weitergegeben, Protokolle verfasst, haben also eine eigene Überlieferungstradition. Sie scheint aber viel brüchiger und gefährdeter zu sein als diejenige der Männer. Da Frauen bis 1971 keinen offiziellen politischen Status hatten, spielte sich ihre politische Tätigkeit gezwungenermassen im privaten Bereich ab. Akten der grossen schweizerischen Frauenverbände gingen zugrunde, weil sie in Privatwohnungen lagerten, nicht in einem Parteibüro, und nicht von einer Person stammten, die einen anerkannten öffentlichen Status hatte.

Die fehlenden Quellen und die vorhandenen Dokumentationslücken haben einen eigenen historischen Aussagewert, werden selbst wieder zur Quelle. Es gibt zum Beispiel irritierende Lücken in den verschiedenen biographischen Sammlungen Basels. Auch für bekanntere Baslerinnen fehlen die in hiesigen Zeitungen erschienenen Nachrufe. Eine systematische Untersuchung der Dokumentationslücken und ihre Beziehung zu den in den Beständen der Archive fassbaren Kriterien für die Erhaltung und Ordnung der Bestände könnte interessante Hinweise geben, welches Frauenbild Männer der Nachwelt überliefern wollten.

Frauen haben sich auch an der Vernichtung der Quellen zu ihrer eigenen Geschichte beteiligt. Diese Lücken in der Überlieferung dokumentieren eindrücklich den zunehmenden Druck, welchem Frauen, die für die Gleichstellung von Frauen und Männern kämpften, nach dem Ersten Weltkrieg ausgesetzt waren. Diese Lücken entstanden nämlich meiner Meinung nach nicht im Zeitraum, den der vorliegende Band untersucht, sondern später. Die Gründerinnen der ersten grossen Frauenverbände in Basel waren sich der historischen Bedeutung ihrer Gründungen durchaus bewusst und sprechen dies in den Protokollen sogar offen aus. So wünscht laut Protokoll des Vorstandes des Katholischen Frauenbundes vom 19. Oktober 1912 Fräulein Müller, *die Protokolle möchten stets recht ausführlich aufgenommen werden, da es wichtige Dokumente seien für die spätere Zeit.* Frauen legen in dieser Zeit Archive an, bemühen sich um eine systematische Aktenverwaltung, gründen eigene Fachbibliotheken und erstellen Kataloge der Bestände. In der Zwischenkriegszeit entwickelt sich langsam, was dann in den vierziger Jahren ganz deutlich wird: Die Generation der Gründerinnen wird von ihren Nachfolgerinnen bewusst «gezähmt»: alle sind sie untadelige Hausfrauen und überzeugte Patriotinnen, treue Gefährtinnen der Männer in Familie und im öffentlichen Leben. Den Anspruch auf eine gleichberechtigte Beteiligung an der Politik scheinen sie nie gestellt zu haben. Allzu waghalsige Vorgängerinnen erscheinen nicht einmal mehr in den Jubiläumsschriften. Im gleichen Zeitraum gehen auch viele Vereinsarchive verloren. Die Überlieferung eines grossen Teils der Frauenvereine setzt also erst in den dreissiger oder vierziger Jahren ein. Die Dokumentation zu den Gründungsjahren fehlt deshalb und kann, nach dem oben gesagten, nicht unbesehen aus den Druckschriften und Nachrufen rekonstruiert werden.

II. Frauen in Basel im 19. Jahrhundert

1. Die Begriffe «Öffentlichkeit» und «Frauenverein»: Überlegungen zu Inhalt und Anwendung

Mit dem Versuch, die Entstehung und Entwicklung der Basler Frauenvereine im 19. Jahrhundert näher zu untersuchen, berühren wir einen für die Frauen- und Geschlechtergeschichte zentralen Problemkreis: das Verhältnis der Frauen zur Öffentlichkeit. Öffentlichkeit entstand während des 19. Jahrhunderts mit der Durchsetzung der Presse-, Meinungs- und Vereinsfreiheit sowie des allgemeinen Wahl- und Stimmrechtes. Gleichzeitig bildete sich neben der Öffentlichkeit die ihr entgegengesetzte, private Sphäre von Haus und Familie. Diese baute rechtlich auf der Kultusfreiheit, der Niederlassungsfreiheit, der freien Berufswahl, der Testierfreiheit und der Einführung der Zivilehe auf und wurde unter Berufung auf die individuellen Persönlichkeitsrechte der Einflusssphäre von Staat und Öffentlichkeit entzogen. An beiden Bereichen hatten Frauen und Männer weder in gleicher noch in gleichwertiger Weise Anteil.

Frauen war während des ganzen 19. Jahrhunderts eine gleichberechtigte Teilnahme am wirtschaftlichen, kulturellen und politischen Leben verwehrt. Wegen ihres Geschlechts blieben Frauen vom freien und gleichberechtigten Zugang zum neu entstehenden staatlichen Bildungssystem ausgeschlossen. Ebenso schränkte es ihre Berufsmöglichkeiten ein und diente zur Rechtfertigung niederer Lohnansätze bei gleicher Arbeit. Durch den Ausschluss vom Stimm- und Wahlrecht hatten sie keinen formal abgesicherten Anspruch auf die Teilnahme an der auf diese Weise den Männern vorbehaltenen Politik. Nur indirekt und am Rande durch das seit 1848 von der Bundesverfassung garantierte Petitionsrecht konnten Frauen in der zweiten Hälfte des 19. Jahrhunderts in der politischen Öffentlichkeit als eigene Gruppe auftreten und ihre Anliegen vortragen. Durch den fehlenden Zugang zu Öffentlichkeit und Politik konnten Frauen sich nicht wirkungsvoll gegen ihre rechtliche und ökonomische Benachteiligung wehren und wurden zwangsläufig zunehmend, mit der steigenden politischen Bedeutung der öffentlichen Sphäre, in die private Sphäre von Haus und Familie abgedrängt.

Theoretisch wurde diese Benachteiligung der Frauen von den Männern mit der grundsätzlichen Andersartigkeit der *weiblichen Natur* gerechtfertigt, welche zur Selbständigkeit nicht befähigt und welcher deshalb Politik und höhere Bildung widersprächen. Nur in *Haus* und *Familie* könnten die Frauen eine ihrem weiblichen Wesen gemässe Tätigkeit entfalten. Die physische Andersartigkeit der Frauen schuf also die rechtlichen und ideologischen Voraussetzungen, dass den Frauen bis ins 20. Jahrhundert hinein die ständischen Strukturen des Ancien Régime erhalten blieben: Ihr juristischer

Status und die ihnen zugestandenen Rechte wurden nicht durch ihre individuelle Persönlichkeit, sondern durch ihr Geschlecht bestimmt und waren weiterhin von ihrem Status innerhalb einer Gruppe, der Familie, abhängig. Diese Entwicklung wird im Ehe- und Güterrecht sehr deutlich.

Die Frauen- und Geschlechtergeschichte prägte in den letzten Jahren den Begriff der *weiblichen Öffentlichkeit*, in Analogie und Opposition zum Begriff der (männlichen) Öffentlichkeit. Der neue Begriff sollte die stark wertende Dichotomie zwischen privatem weiblichem und öffentlichem männlichem Raum begrifflich überspielen und gleichzeitig deutlich machen, dass Frauen durchaus ausserhalb von Familie und Haus tätig waren und Anteil am gesamten gesellschaftlichen Leben hatten. So richtig und berechtigt inhaltlich die Schaffung des Begriffes der *weiblichen Öffentlichkeit* ist, so problematisch ist seine sprachliche Form. Der Begriff der *weiblichen Öffentlichkeit*, welcher den weiblichen Kompetenzbereich bezeichnen soll, der grosse Bereiche ausserhalb von Familie und Haus und wichtige soziale Funktionen der Frauen umfasst, versucht durch die sprachliche Analogie die bisher nicht wahrgenommene Gleichzeitigkeit und Parallelität dieses weiblichen Bereiches zu der den Männern vorbehaltenen Öffentlichkeit zu verdeutlichen, suggeriert aber auch eine qualitative Gleichwertigkeit der beiden Bereiche, welche nach dem oben Gesagten rechtlich und politisch nie bestanden hat. Von seiner sprachlichen Form her verleitet dieser Begriff sogar zu der irreführenden Annahme, dass es vor der Einführung des Frauenstimmrechts 1971 eine gleichberechtigte weibliche Öffentlichkeit gegeben hätte. Der Begriff der Öffentlichkeit setzt das Wahl- und Stimmrecht voraus, das heisst das uneingeschränkte Recht, seine Meinung zu äussern und in politisch wirksamer Form auszudrücken. Mit dem Ausschluss vom Wahl- und Stimmrecht war aber genau diese Grundvoraussetzung für die Frauen nicht gegeben: sie sollten schweigen und, wie es in Texten aus dem 19. Jahrhundert immer wieder heisst, *im Stillen wirken*. Das Verhältnis der Frauen zur Öffentlichkeit wäre terminologisch eindeutiger definiert, wenn der Begriff der Öffentlichkeit als eine Kategorie erhalten bliebe, welche die ausschliesslich den Männern vorbehaltene Sphäre bezeichnet, und stattdessen der mit dem Begriff *weibliche Öffentlichkeit* bezeichnete Bereich z.B. mit dem Begriff *weibliche Lebenswelt* gekennzeichnet würde. So liesse sich der Umfang des den beiden Geschlechtern je zugewiesenen Kompetenzbereiches terminologisch eindeutig festlegen und zugleich besser untersuchen, auf welche Weise und in welchem Zeitpunkt Frauen begannen, in den öffentlichen Bereich vorzudringen und verdeckt oder offen das männliche Monopol in Frage zu stellen.

Wenn wir das Anliegen der Frauen- und Geschlechtergeschichte ernst nehmen und die männliche und weibliche Lebenswelt als gleichwertig betrachten, müssen wir die auf die männliche Öffentlichkeit zugeschnittenen Begriffe der weiblichen Lebensrealität anpassen. Dies trifft auch auf den Vereinsbegriff zu. Der in der historischen Literatur übliche Vereinsbegriff, welcher stark vom heutigen Vereinsrecht beeinflusst ist, ist kaum geeignet, Funktion und Form weiblicher Geselligkeit im 19. Jahrhundert und das Entstehen weiblicher Organisationsformen zu beschreiben, da in Basel erst die Aufhebung der

Geschlechtsvormundschaft im Jahre 1876 die rechtlichen Voraussetzungen schuf, dass ein Teil der Basler Frauen, die alleinstehenden Frauen, sich selbständig organisieren konnten. Die Tätigkeit der meisten Frauenvereine in Basel spielte sich wegen der privatrechtlichen Handlungsunfähigkeit und dem Ausschluss der Frauen von allen politischen Rechten notwendigerweise bis weit in die zweite Hälfte des 19. Jahrhunderts ausschliesslich im privaten Bereich in einer meist informellen Form ab. Auch die oft in der Literatur anzutreffende Einschränkung des Begriffes Frauenverein (offenbar in Analogie zu den Männervereinen) auf politisch engagierte oder wirtschaftliche Interessen verteidigende Frauengruppen, welche ausschliesslich in ihrer Rolle als Vorläuferorganisationen der Frauen(stimm)rechtsbewegung untersucht werden, erscheint mir wenig sinnvoll, da sie den grössten Teil der im 19. Jahrhundert nachweisbaren Basler Frauenvereine von vornherein von unserer Betrachtung ausschliesst und auch nicht erklärt wird, wie eben diese bewusst und explizit politisch agierenden Frauenvereine entstanden und warum sie in Basel erst um 1890 nachweisbar sind. Die einseitige Beschränkung auf die in der politischen Öffentlichkeit sich bewegenden Frauenvereine verstellt auch den Blick auf die religiösen Frauenvereine, welche in Basel im 19. Jahrhundert eine wichtige Rolle spielen, auch für die Frauenstimmrechtsbewegung.

Ich verstehe deshalb den Begriff Frauenverein in erster Linie als einen Sammelbegriff für eine Vielzahl von verschiedenen weiblichen Organisationsformen, die von Fall zu Fall neu definiert und beschrieben werden müssen. Als Verein definiere ich jede Frauengruppe, welche ein Minimum an Organisation und gemeinsamer Tätigkeit aufweist: regelmässige Treffen derselben Personen zu gemeinsamem Gebet, zu gemeinsamem Arbeiten oder gemeinsamem Essen können dazu ausreichend sein. Dieses Vorgehen erlaubt es, die Vielfalt der im 19. Jahrhundert nachweisbaren kleinen und grossen Frauengruppen als Ganzes zu erfassen. Allerdings ist ein derartiger Vereinsbegriff nur sinnvoll, wenn Funktion und Form der verschiedenen Vereine auf die allgemeine Situation der in ihr organisierten Frauen bezogen und so die sozioökonomischen, juristischen und politischen Rahmenbedingungen, in welcher sich die jeweiligen Frauen befinden, in die Analyse miteinbezogen werden.

2. Geschlechtsvormundschaft und Ehevogtei

Das Leben der Frauen in Basel wurde im 19. Jahrhundert wesentlich geprägt von der sogenannten Geschlechtsvormundschaft, zu der ihrer Funktion und ihrem Inhalt nach auch die Ehevogtei zu rechnen ist. Die Geschlechtsvormundschaft beinhaltet die Vormundschaft über alleinstehende Frauen, die Ehevogtei die Bevormundung der Ehefrau durch den Ehemann. Beide Rechtsinstitute bewirkten die Unmündigkeit der Frauen und damit ihre juristische Handlungsunfähigkeit. Frauen konnten weder selbständig über ihr Vermögen oder ihren Erwerb verfügen, noch rechtsgültige Verträge abschliessen, was ihre vollständige ökonomische Abhängigkeit von männlichen Verwandten oder von ihrem Ehemann nachsichzog. Die Geschlechtsvormundschaft über alleinstehende Frauen wurde in Basel erst im Jahre 1876 abgeschafft. Die Ehevogtei hingegen blieb bis zur Einführung des schweizerischen Zivilgesetzbuches im Jahre 1912 bestehen. Die Ehefrau blieb jedoch auch nach 1912 bis zum Erlass des Bundesgesetzes vom 5. Oktober 1984 über die Wirkungen der Ehe im allgemeinen, das Ehegüterrecht und das Erbrecht nur beschränkt rechtsfähig.

a) Die Geschlechtsvormundschaft

Die rechtliche Grundlage der Geschlechtsvormundschaft bildete bis zu ihrer Abschaffung 1876 die Stadtgerichtsordnung von 1719 und die Vogtsordnung von 1747, da der Versuch, ein einheitliches Basler Zivilgesetzbuch zu schaffen, 1870 endgültig scheiterte. Der Geschlechtsvormundschaft waren alle alleinstehenden erwachsenen Frauen unterworfen, das heisst alle unverheirateten, geschiedenen oder verwitweten Frauen. Die Durchführung der Vormundschaften lag bei den Zünften. Die Zünfte waren nämlich bis 1876, bis zur Abschaffung der Geschlechtsvormundschaft, und bis 1880, als eine zentrale staatliche Vormundschaftsbehörde mit einem bezahlten Amtsvormund geschaffen wurde, die eigentlichen Träger des gesamten Basler Vormundschaftswesens.

Die Wurzeln der Geschlechtsvormundschaft lassen sich bis ins germanische Recht zurückverfolgen. Ursprünglich handelte es sich nur um eine auf bestimmte Rechtsgeschäfte beschränkte, von der Frau frei gewählte Beistandschaft. Nur bei der Veräusserung von Liegenschaften und Häusern aus dem Besitz der Frau schien die Mitwirkung eines männlichen Beistandes für die Rechtsgültigkeit des Geschäftes zwingend notwendig. Gegen Ende des 16. Jahrhunderts, vor allem aber im 17. Jahrhundert glich sich die Geschlechtsvormundschaft einer Vormundschaft über Minderjährige an, welche die selbständige Handlungsfähigkeit der Frauen praktisch aufhob. Diese Entwicklung, welche sich in den Basler Rechtsquellen gut verfolgen lässt, fand 1865 im Paragraph 20 des *Entwurfes eines Civilgesetzes für den Canton Basel-Stadt* ihren letzten und durch die Kürze und Geschliffenheit der Formulierung schärfsten Ausdruck: *Die Fähigkeit, ohne Vertretung eines Andern Privatrechte zu erwerben oder aufzugeben und überhaupt über das Vermögen frei zu verfügen, ist ausgeschlossen durch Minderjährigkeit, weibliches Geschlecht, Freiheitsstrafe und Geistesschwachheit. In diesen Fällen tritt Vogtei ein.*

In dieser strikten Form existierte die Geschlechtsvormundschaft zum Zeitpunkt der Redaktion des *Entwurfes* in der Praxis bereits nicht mehr. Die entsprechenden gesetzlichen Vorschriften wurden vielfach umgangen, was gerade im Geschäftsbereich eine gewisse Rechtsunsicherheit schuf und zunehmend zu Klagen Anlass gab, meist im Zusammenhang mit dem Rechtsinstitut der freien Mittelverwaltung. Diese befreite eine ursprünglich eng umgrenzte Gruppe von Frauen teilweise von der Geschlechtsvormundschaft: Seit dem späten Mittelalter konnten alleinstehende Frauen, welche irgendein Gewerbe oder einen Handel trieben, mit Einwilligung der Familie und des Vormundes beim Kleinen Rat um das Privileg bitten, ihnen die für den Geschäftsbetrieb notwendige rechtsgültige Unterschrift zuzugestehen. Diese Sonderstellung der *Handelsfrauen* erfuhr durch ein Gesetz von 1722 eine wichtige Erweiterung, welche 1747 als Artikel 11 in die Vogtsordnung integriert wurde: Dieses Gesetz führte die freie Mittelverwaltung in einer engeren und einer weiteren Form ein. Die engere Form entsprach weitgehend der bereits bestehenden Regelung, weitete aber den Kreis derjenigen Frauen, die von dieser Regelung profitieren konnten, generell auf alle vermögenden oder berufstätigen alleinstehenden Frauen aus, sofern sie als genügend seriös und haushälterisch galten. Bei allen wichtigen Handlungen, insbesondere beim Abschluss von Verträgen, war aber die Einwilligung des Vormundes, sein *Vorwissen*, erforderlich. Mehr Spielraum gewährte den Frauen die weitere Form, die jedoch nur den *Handelsfrauen* im strengen Sinne zugestanden wurde; in diesem Falle hatte der Vormund mit der Verwaltung des Vermögens gar nichts zu schaffen und sollte der Frau nur, soweit sie es wünschte, zur Seite stehen. Das Privileg der freien Mittelverwaltung änderte formal auch in der weiteren Form nichts an der grundsätzlichen Handlungsunfähigkeit der betroffenen Frau. Wie eine verheiratete Frau durch eine schriftliche Verfügung ihres Ehemannes für bestimmte Geschäfte Vollmacht erhalten konnte, so erteilte der Kleine Rat alleinstehenden Frauen das Privileg der freien Mittelverwaltung. Dieses Privileg konnte der betreffenden Frau, wie jede Vollmacht, jederzeit wieder entzogen werden. Für alle anderen Rechtshandlungen, die nicht in direktem Zusammenhang mit ihrer beruflichen Tätigkeit standen, und dazu gehörten auch der Kauf und Verkauf von Liegenschaften, bedurften auch diese Frauen weiterhin eines Vormundes. Sie konnten also nur das für den Betrieb des Geschäftes nötige Kapital und den daraus resultierenden Gewinn, soweit er in das Geschäft zurückfloss, selbst verwalten.

Um die Mitte des 19. Jahrhunderts wurde das Rechtsinstitut der freien Mittelverwaltung von männlichen Familienangehörigen, Vögten und den betroffenen Frauen in verschiedener Weise benutzt, um die mit der Geschlechtsvormundschaft verbundenen gesetzlichen Auflagen, Pflichten und Einschränkungen zu umgehen. Der Charakter des Instituts veränderte sich dadurch in der Praxis in verschiedener Hinsicht. So monierte im Januar 1846 der Präsident des Stadtgerichtes, dass sich die Grenze zwischen der engeren und der weiteren Form der freien Mittelverwaltung mehr und mehr verwischt, dass selbst die Behörden bei der Erteilung der freien Mittelverwaltung nicht mehr zwischen den beiden Formen unterschieden. Oft schlössen auch Frauen, denen nicht der Status der *Handelsfrau* zuerkannt worden sei, völlig selbständig Rechtsgeschäfte ab, ohne ihren Vormund in irgendeiner Weise beizuziehen. Zugleich verbreite sich die Ansicht, mit der freien Mittelverwaltung höre jegliche Verpflichtung und Verantwortung des Vormundes und der eigentlichen Vormundschaftsbehörde, der Zunft, auf. Noch einen Schritt weiter gehe die sogenannte *vornehme* Mittelverwaltung: Frauen beantragten die freie Mittelverwaltung, liessen die Vermögensverwaltung aber in den Händen des Vormundes. Der Zweck dieser Art der freien Mittelverwaltung liege also nicht in einer grösseren Selbständigkeit der Frau, sondern darin, den Vormund von seiner Rechenschaftspflicht gegenüber der vorgesetzten Behörde zu befreien und dieser zugleich die Einsicht in den Vermögensbestand zu entziehen.

Wie die Klagen des Gerichtspräsidenten zeigen, gab es offenbar um die Mitte des 19. Jahrhunderts auch Frauen, die, ohne im Besitz der freien Mittelverwaltung zu sein, ungestört Handel und Gewerbe trieben und ihre formaljuristische Handlungsunfähigkeit im Bedarfsfall auch zu ihren Gunsten ausnutzten. Dies wird durch den Bericht des Zivilgerichtes an den Kleinen Rat aus dem Jahre 1854 bestätigt: *Schon zu wiederholten Malen sahen wir uns veranlasst, in Streitsachen gegen Frauen, welche Berufe trieben oder einem kleinen Handwerksgeschäft vorstanden, die Kläger, bei deren bestem Recht, abzuweisen, weil die betreffenden Frauen die freie Mittelverwaltung nicht erhalten hatten und also nach unseren Gesetzen nicht als handlungsfähig gelten konnten; wir haben es jedesmal nicht nur der Form wegen gethan, sondern weil wir auch einsahen, dass diese Beschränkung der Frau in ihren Befugnissen etwas im Allgemeinen Zweckmässiges sei und dass der Grundsatz darum auch in den vorliegenden Fällen sorgfältig und treulich gewahrt werden müsse…Was uns aber mehrfach zum Anstoss ward, das war eine gewisse Illoyalität, die gefördert erscheint, wenn der Contrahent einer offen als gewerbetreibend auftretenden Frau nachträglich erst zu seinem Schaden von der Handlungsunfähigkeit derselben durch Gerichtsspruch belehrt werden muss.*

Entzog die sogenannte *vornehme* Mittelverwaltung der betroffenen Frau jede Kontrolle über ihren Besitz und ging deshalb in ihren konkreten Folgen über die Geschlechtsvormundschaft weit hinaus, weil sie die Haftpflicht des Vormundes aufhob und die Verwaltung nur nominell in den Händen der Frau blieb, bewirkte die Missachtung der rechtlichen Normen von Seiten der betroffenen Frauen sowie die nicht wahrgenommene Aufsichtspflicht der Vögte in Verbindung mit der liberalen Bewilligungspraxis der Aufsichtsbehörde de facto die Aufhebung des Rechtsinstitutes der Geschlechtsvormundschaft, kam ihr auf jeden Fall sehr nahe. Dem aus verschiedenen Gründen wachsenden Widerstand gegen die Geschlechtsvormundschaft musste notgedrungen auch der *Entwurf eines Civilgesetzbuches für den Canton Basel-Stadt* von 1865 entgegenkommen, obwohl er gleichzeitig versuchte, das Prinzip der Geschlechtsvormundschaft zu erhalten mit der Begründung: *Die Geschlechtsvormundschaft haben wir in bisheriger Weise wieder aufgenommen, nicht nur weil wir sie prinzipiell für das Richtige halten, sondern weil sie von Alters her bei uns besteht, sich als wohlthätig bewährt hat, und Übelstände uns keine bekannt sind.* Dieser konservativen Grundsatzerklärung stand aber eine sehr pragmatische Umsetzung des Prinzipes gegenüber. Die im Entwurf vorgeschlagenen Regelungen milderten gegenüber dem hergebrachten Recht die Wirkungen der Geschlechtsvormundschaft erheblich ab, wohl um dem Widerstand gegen die Beibehaltung der Geschlechtsvormundschaft die Spitze zu brechen. Einige allgemein für Vormundschaften aufgestellte Rechtssätze bestimmten, dass jede unter Vormundschaft stehende Person, also auch die unter Geschlechtsvormundschaft stehende Frau, frei sein sollte in der Verfügung über ihren eigenen Erwerb, in der Eingehung von Schulden für ihre Ernährung und Ausstattung und im Rahmen einer selbständigen Stellung, in die sie mit Einwilligung des Vormundes gelangt sei. In dieselbe Richtung wies auch die vorgeschlagene Ausgestaltung der freien Mittelverwaltung, die allerdings strikt auf die einen Handel oder ein Gewerbe treibende Frau beschränkt wurde. Sie sollte die Vormundschaft nicht mehr bloss abschwächen, sondern gänzlich aufheben, das heisst Frauen mit freier Mittelverwaltung sollten vollkommen handlungsfähig sein. Für diejenigen Fälle, in welchen die Frau zwar keinem Gewerbe vorstehe, die freie Mittelverwaltung also unzulässig wäre, andererseits aber eine förmliche Vogtei für die Frauen und ihre Verhältnisse hemmend und den Familieninteressen zuwiderlaufend sei, wurde die Familienvormundschaft eingeführt, welche dem bisherigen Basler Recht unbekannt war. Die Familienvormundschaft setzte an die Stelle der Vormundschaftsbehörde, das heisst der Zunft, die Verwandtschaft der Frau. So legalisierte der Entwurf de facto die *vornehme* freie Mittelverwaltung durch die Einführung der Familienvormundschaft, beseitigte die engere Form der freien Mittelverwaltung vollständig und ersetzte sie durch die genannten allgemeinen Rechtssätze, verband dafür aber mit der weiteren Form, die strikt nur den *Handelsfrauen* zugestanden wurde, die volle Handlungsfähigkeit.

Da der *Entwurf für ein Civilgesetzbuch des Cantons Basel-Stadt* nicht nur in diesem Punkt keinen Anklang fand und erst die Verfassungsrevision von 1875 und die damit verbundenen politischen Umwälzungen die Voraussetzungen für grössere Reformprojekte schufen, blieb die Geschlechtsvormundschaft in der hergebrachten Form mitsamt den damit verbundenen juristischen Missständen noch weitere zehn Jahre erhalten. Erst Paragraph 4 des Gesetzes *betreffend das Mehrjährigkeitsalter und betreffend die Handlungsfähigkeit der Frauenspersonen* vom 10. Oktober 1876 bestimmte: *Die Geschlechtsvormundschaft ist aufgehoben. Die mehrjährigen, unverheirateten und verwitweten sowie die gänzlich geschiedenen Frauenspersonen sind handlungsfähig und können nur aus Gründen, welche für mehrjährige Männer gelten, unter Vormundschaft gestellt werden.* Die alleinstehenden erwachsenen Baslerinnen wurden damit den Männern privatrechtlich völlig gleichgestellt.

b) Ehevogtei und eheliches Güterrecht
Mehrte sich in der zweiten Hälfte des 19. Jahrhunderts der männliche Widerstand gegen die mit der Geschlechtsvormundschaft verbundenen Verpflichtungen und Einschränkungen, und befürwortete 1876 die Mehrheit der Männer daher eine selbständige Verwaltung des Erwerbs und des Vermögens durch diese Gruppe von Frauen, lässt sich eine analoge Entwicklung im Eherecht und im ehelichen Güterrecht nicht beobachten. Die Handlungsunfähigkeit der verheirateten Frauen blieb in Basel bis zur Einführung des schweizerischen Zivilgesetzbuches 1912 bestehen.

Das Gesetz *betreffend das Mehrjährigkeitsalter und betreffend die Handlungsfähigkeit der Frauenspersonen* von 1876 änderte an der unselbständigen Stellung der Ehefrau nichts. Der regierungsrätliche Ratschlag gab dafür die folgende, sehr aufschlussreiche Begründung: *Einmal liegt für Änderungen in dieser Beziehung ein dringendes Bedürfnis nicht vor, und dann hängt die Frage mit dem System des ehelichen Güterrechtes so eng zusammen, dass ohne weitgehende Änderungen in diesem eine selbständige Stellung der Ehefrau nicht denkbar ist. Wir haben bekanntlich das System der ehelichen Güterge-*

meinschaft, und dieses setzt voraus, dass der Ehemann die Verfügung über das eheliche Vermögen allein hat, er also allein in Bezug auf dasselbe Rechte erwerben und Verpflichtungen übernehmen kann. Die Mehrheit der Männer hatte ganz offensichtlich kein Interesse an der rechtlichen und ökonomischen Selbständigkeit der verheirateten Frauen, *in dieser Beziehung* lag *ein dringendes Bedürfnis nicht vor.* Von der alleinigen Verwaltungs- und Verfügungsgewalt des Mannes waren nur die sogenannten *Leibs-Angehörigen*, Kleider, Schmuck und die persönlichen Gebrauchsgegenstände der verheirateten Frau, ausgenommen. Allerdings war zur Veräusserung oder Belastung von Liegenschaften aus dem Frauengut sowie zur persönlichen Mitverpflichtung der Ehefrau für Schulden des Ehemannes die Mitunterschrift und damit die notariell beglaubigte Zustimmung der Frau notwendig, welche nur durch den Beizug eines männlichen Beistandes für die Frau rechtsgültig wurde. Dadurch sollte das Frauengut in seinem Bestand und damit die Interessen der Familie der Frau geschützt werden, ein Prinzip, das auch bei anderen Einrichtungen des ehelichen Güterrechtes deutlich wird: bei der bei Konkurs des Ehemannes automatisch eintretenden Gütertrennung und bei dem der Ehefrau gewährten Konkursprivileg. Beides erlaubte es der Ehefrau, ihr noch vorhandenes Vermögen vor Gläubigerforderungen weitgehend zu schützen, wenn sie sich nicht ausdrücklich mitverpflichtet hatte. Sie hatte nämlich nicht nur das Recht, die noch vorhandenen unversehrten Teile ihres Vermögens, in erster Linie wohl die Liegenschaften, aus der Konkursmasse zu nehmen, bevor die Gläubiger aus dem Rest zufriedengestellt wurden, sondern sie konnte für das nicht mehr Vorhandene überdies als Kreditorin des Mannes Ersatz fordern, und zwar privilegiert vor den andern Gläubigern. Nur durch eine Scheidungsklage war es der Frau hingegen möglich, ihr eingebrachtes Gut bei schlechter Geschäftsführung des Ehemannes zu schützen, bevor der Konkurs eintrat.

Die im Jahre 1884 abgeschlossene Revision des ehelichen Güterrechtes änderte an der grundsätzlichen Handlungsunfähigkeit der verheirateten Frau nichts, verstärkte aber den Schutz des Frauengutes. Durch die formale Einführung der Gütertrennung als ausserordentlichen ehelichen Güterstand wurde der sich verheiratenden Frau vor der Eheschliessung die Möglichkeit in die Hand gegeben, ihr Vermögen durch ehevertragliche Verabredung der Verwaltungs- und Verfügungsgewalt des Ehemannes von vorneherein zu entziehen. Nach der Eheschliessung, welche automatisch die Gütergemeinschaft nachsichzog, wenn vorgängig keine Gütertrennung vereinbart worden war, war eine Änderung des ehelichen Güterstandes nicht mehr möglich. *Eheabreden*, welche vertraglich die Gütertrennung als ehelichen Güterstand vereinbarten, waren bisher nur durch das Gewohnheitsrecht abgesichert. Auch die Stellung der in Gütergemeinschaft lebenden verheirateten Frau wurde verbessert, indem neu die Möglichkeit geschaffen wurde, dass sie ihr durch die Verwaltung des Ehemannes gefährdetes Vermögen durch die Klage auf Gütertrennung sicherstellen konnte. Vorher bestand die einzige rechtliche Möglichkeit, die Auseinandersetzung herbeizuführen, wie gesagt, in einer Scheidungsklage. Diese beiden gesetzlichen Einrichtungen glichen die wesentliche Einschränkung des Konkursprivileges der verheirateten Frau aus, da ihr nur noch eine privilegierte Forderung in der Höhe der Hälfte ihres eingebrachten Gutes zugestanden wurde und das Aussonderungsrecht für die noch unverändert vorhandenen Stücke des Frauenvermögens wegfiel.

Aufschlussreich ist wiederum die regierungsrätliche Begründung der Abschaffung des Konkursprivileges: *Diese bevorzugte Stellung der Ehefrau ist schon vielfach als zu weit gehend angefochten worden und bildet eine **grosse Gefahr für die Sicherheit des Verkehrs** (Hervorhebung sj); es ist bekannt, dass die meistens ungünstigen Ergebnisse des Konkurses für die gewöhnlichen Gläubiger daher rühren, dass der grösste Teil der Aktiven durch das Weibergutsprivileg aufgezehrt wird; die Gefahr ist um so grösser, als der gewöhnliche Gläubiger ohne besondere Vorsicht (Mitverpflichtung der Ehefrau, sj) sich davor nicht schützen kann, weil die Grösse des Weibergutes im einzelnen Falle ja nicht bekannt ist, sondern nur durch besondere Erkundigung erfahren werden kann. Für eine bevorzugte Stellung der Ehefrau spricht nun allerdings die Erwägung, dass sie nach unserm Gesetz bisher mit der Heirat ohne weiteres ihr Vermögen in die Hand des Mannes übergeben musste und keinerlei Mittel hatte, sich vollständig gegen die schlechte Wirtschaft des Mannes zu schützen; allein es muss doch gesagt werden, dass es dem Wesen der Ehe nicht recht entspricht, wenn die Ehefrau in guten Zeiten allen Genuss mit dem Manne teilt, in schlechten Zeiten aber von dem Unglück nicht betroffen wird, und im Gegenteil ihr Vermögen wieder sichert.* Hinter der Revision stehen also in erster Linie wirtschaftspolitische und wirtschaftliche Überlegungen, eine Motivation, welcher wir auch in der Diskussion um die Abschaffung der Geschlechtsvormundschaft begegnen und die 1876 implizit die Beibehaltung der Ehevogtei rechtfertigte.

Das Gesetz *betreffend Eheliches Güterrecht, Erbrecht und Schenkungen* von 1884 verbesserte auch die erbrechtliche Situation des überlebenden Ehegatten wesentlich, was vor allem den Frauen zugute kam. Waren im Basler Stadtrecht die Söhne und Töchter erbrechtlich von Alters her gleichgestellt, erhielten nach dem ehelichen Güterrecht der Stadtgerichtsordnung von 1719 beim Tod eines Ehegatten der Mann oder seine Erben zwei Drittel des ehelichen Vermögens, während die Frauenseite sich mit einem Drittel begnügen musste. Im *Entwurf für ein Civilgesetzbuch des Cantons Basel-Stadt* wurde zur Begründung dieser Benachteiligung der weiblichen Linie argumentiert, dass das weibliche Drittel dem bei der Heirat eingebrachten Frauengut gleichzusetzen sei, die übrigen zwei Drittel entsprächen hingegen dem Vermögen des Mannes zuzüglich der während der Ehe vom Mann erarbeiteten Errungenschaft. Dem Mann wird also das Nutzungsrecht am Frauengut und der daraus erwirtschaftete Gewinn zugesprochen, während der Frau das Kapital, das Frauengut, verbleibt. Diese Benachteiligung der Frauenseite wurde noch verschärft durch den Grundsatz des absoluten Noterbrechtes der Kinder gegenüber den Eltern. Nur wer weder Kinder, Grosskinder oder Urgrosskinder, noch Eltern oder Grosseltern am Leben hatte, konnte frei über seinen Nachlass verfügen; dagegen waren demjenigen, der noch lebende Deszendenten und Aszendenten besass, die Hände völlig gebunden. Dies verunmöglichte einem Ehemann, seine Ehefrau in irgendeiner Form gegenüber den Kindern oder den eigenen Eltern zu begünstigen, um ihre finanzielle Situation nach seinem Ableben zu sichern. Diese Ungleichbehandlung von männlicher und weiblicher Linie wurde 1884 beseitigt und die Position der Ehefrau verbessert, indem dem überlebenden Ehegatten – gleichgültig ob Mann oder Frau – stets zwei Drittel, den Erben dagegen nur ein Drittel zugewiesen wurde. Gleichzeitig wurde auch das Noterbrecht entschärft, indem die Ansprüche der Aszendenten nicht über die Eltern hinausgingen und die gesetzlich geschützten Ansprüche der Aszendenten und der Deszendenten eingeschränkt wurden.

Die Einführung des schweizerischen Zivilgesetzbuches 1912 führte unter diesen Umständen in Basel zu einer eindeutigen Verschlechterung der güterrechtlichen Position der verheirateten Frau, obwohl sich gleichzeitig, wenigstens formal, ihr personenrechtlicher Status verbesserte. Die vom Zivilgesetzbuch vorgeschriebene Güterverbindung ging weiter als die in Basel übliche Gütergemeinschaft, indem die Zustimmung der Ehefrau bei Verkauf oder Belastung der von ihr in die Ehe gebrachten Liegenschaften völlig entfiel. Der Ehemann wurde als *Haupt der Gemeinschaft* etabliert, welcher über den Aufenthaltsort bestimmte, ohne dessen Einwilligung die Ehefrau keiner Erwerbstätigkeit nachgehen konnte und der die alleinige Befugnis über den Kauf oder Verkauf von Liegenschaften besass. Hob das schweizerische Zivilgesetzbuch die grundsätzliche Handlungsunfähigkeit der verheirateten Frauen auf, an der in Basel bis zuletzt festgehalten wurde, verhinderte der vom Zivilgesetzbuch gewählte ordentliche Güterstand eine Verbesserung des Verfügungsrechtes der Ehefrau über ihr in die Ehe eingebrachtes Gut und verstärkte durch die geschilderte Ausgestaltung der rechtlichen Position des Ehemannes als dem *Haupt der Gemeinschaft* die ökonomische Abhängigkeit der verheirateten Frau.

Quellen:

Amtliche Gesetzessammlung des Kantons Basel-Stadt, enthaltend die kantonalen Gesetze und Verordnungen
Entwurf eines Civilgesetzes für den Canton Basel-Stadt, Basel, 1865
Heusler Andreas, *Motive zu dem Entwurf eines Civilgesetzes für den Canton Basel-Stadt*, 2 Bände, Basel, 1866 und 1868
Memorial des Zivilgerichtes an den Kleinen Rat vom 7. Dezember 1854, Staatsarchiv Basel, Vogtei-Akten J 1 (zitiert nach Münch, *Basler Privatrecht*, S. 92/93)
Ratschlag und Gesetzesentwurf *betreffend das Mehrjährigkeitsalter und betreffend die Handlungsfähigkeit der Frauenspersonen* vom 1, Mai 1876, Staatsarchiv Basel, Ratschlag Nr. 481 (zitiert nach Münch, *Basler Privatrecht*, S. 58)
Ratschlag und Gesetzesentwurf *betreffend eheliches Güterrecht, Erbrecht und Schenkungen*, Staatsarchiv Basel, Ratschlag Nr. 671 (zitiert nach Münch, *Basler Privatrecht*, S. 145)
Schnell Johannes, *Rechtsquellen von Basel Stadt und Land*, 2 Bände, Basel, 1856/1859 und 1865
idem, *Die freie Mittelverwaltung der Frauen*, Basel, 1846

3. Frau, Haus und Familie: der Ursprung der sogenannten Frauenfrage

Mit der Abschaffung der Geschlechtsvormundschaft 1876 und der Beibehaltung der Ehevogtei bis 1912 entstand ein merkwürdiges Ungleichgewicht zwischen dem privatrechtlichen Status einer alleinstehenden und einer verheirateten Frau. Die Frage drängt sich auf, warum derselben Frau, solange sie unverheiratet blieb, die Mündigkeit zugestanden wurde, welche sie mit der Heirat wieder verlor und nach einer Scheidung oder dem Tod des Ehemannes wieder zurückerhielt? Warum wurde unverheirateten Frauen allgemein mehr Selbständigkeit zugestanden, einschliesslich des Rechtes, über ihr Vermögen und ihren Erwerb frei zu verfügen? Warum erklärte das eidgenössische Zivilgesetzbuch 1912 alle Schweizer Frauen zwar für handlungsfähig, schränkt aber gleichzeitig im Eherecht ihre persönlichen Freiheitsrechte ganz wesentlich ein?

Notwendig wurde in Basel die Diskussion um die Geschlechtsvormundschaft wegen der durch die Industrialisierung verursachten sozioökonomischen Veränderungen. Dieser tiefgreifende Prozess steht auch hinter der widersprüchlichen Entwicklung des Rechtsstatus der Baslerinnen, wie wir der folgenden Passage aus der Begründung des Justizdepartementes zum Gesetz *betreffend das Mehrjährigkeitsalter und betreffend die Handlungsfähigkeit der Frauenspersonen* entnehmen können: *Ein Institut wie die Geschlechtsvormundschaft kann nur im Zusammenhang mit der ganzen socialen und wirthschaftlichen Lage eines Volkes beurtheilt werden: sie entsprach dieser durchaus, als die Familien noch geschlossener waren, als die Frauen noch wenig aus denselben heraustraten, als sie am wirthschaftlichen Leben noch wenig Antheil nahmen. Heutzutage, wo die Individualität viel mehr hervortritt, wo die Frau meist auch ihrerseits erwerben muss, wo man deshalb überall darauf ausgeht, ihr neue Erwerbszweige aufzuschliessen, wo an manchen Orten sie sogar öffentliche Rechte ausübt, und an noch mehrern die Ausübung angestrebt wird, ist die Handlungsunfähigkeit der Frau principiell nicht mehr richtig.* Der Text zählt die wesentlichen sozioökonomischen Veränderungen seit Beginn des Jahrhunderts auf: die Individualisierung der gesellschaftlichen Beziehungen, eine neue Familienstruktur, die verbreitete Erwerbstätigkeit der Frauen ausser Haus und das Eindringen der Frauen in den öffentlichen Bereich, welches vorerst nur *an manchen Orten* ausserhalb von Basel zu beobachten ist, aber richtig als allgemeine Entwicklungstendenz erkannt wird, welcher sich Basel auf Dauer nicht entziehen kann.

Die Frauen hatten den ihnen traditionell zugewiesenen Bereich von *Haus* und *Familie* durch die Erwerbstätigkeit ausser Haus überschritten. Als gelernte und ungelernte Arbeitskräfte spielten Frauen zudem eine wesentliche Rolle in der sich rasch entwickelnden schweizerischen Industrie. Die Kernfrage, welche sich den Männern in der Diskussion um die Geschlechtsvormundschaft stellte, war deshalb, wieviel Selbständigkeit den Frauen zugestanden werden musste, um ihre Arbeitskraft der Wirtschaft zu erschliessen, ohne die traditionelle Geschlechterhierarchie in Frage zu stellen. Bei der Lösung des Problems kam der Ehe eine zentrale Rolle zu, wie das Familienrecht im Zivilgesetzbuch von 1912 zeigt: Die verheirateten Frauen wurden in die *Familie* und in die *Häuslichkeit* abgedrängt, vor allem die ökonomische Abhängigkeit vom Ehemann verstärkt, obwohl (oder besser weil) die Mehrheit der verheirateten Frauen erwerbstätig war und nicht unwesentlich an den Unterhalt der Familie beitrug neben der weiterhin von den Frauen zu leistenden Hausarbeit, deren volkswirtschaftlicher Wert rechtlich keine Anerkennung fand.

a) Heutzutage, wo die Individualität viel mehr hervortritt: Veränderungen in der Familienstruktur

Zu Beginn des Jahrhunderts meinten die Begriffe *Familie* und *Haus* den Familienverband, welcher die ganze engere und weitere Verwandtschaft umfasst, und den Hausstand, in welchem mehrere Generationen unter einem Dach wohnten und arbeiteten. Bis zum Ersten Weltkrieg verengte sich der konkrete Inhalt der beiden Begriffe: Der Begriff Familie umfasste nur noch das Ehepaar mit seinen Kindern, und der Begriff des Hauses schloss nicht mehr automatisch auch die Idee der gemeinsamen Arbeitsstätte aller Familienmitglieder in sich. Dieses neue Familienmodell bildete die Grundlage des Ehe- und Familienrechtes des eidgenössischen Zivilgesetzbuches von 1912. Sowohl bei der älteren als der neueren Familienkonzeption handelt es sich um eine ideale Vorstellung, ein Familienmodell, welches in erster Linie eine soziale Norm definiert, nicht eine für alle Schichten der Bevölkerung gültige Lebenswirklichkeit.

Der Basler Stadtgerichtsordnung können wir Aufbau und hierarchische Struktur der Modellfamilie der Basler Oberschicht entnehmen, da diese für die Redaktion der Stadtgerichtsordnung von 1719 und der Vogtsordnung von 1747 verantwortlich zeichnet. Ihrer Grundstruktur nach entspricht die Basler Patrizierfamilie dem älteren Familienmodell. Die Kompetenzbereiche von Mann und Frau sind strikt getrennt, beinhalten aber beide für die Familienökonomie wichtige produktive Tätigkeiten. Der Mann repräsentiert die Familie und ihre Interessen ausserhalb der eigenen Haushaltung und im weiteren Familienverband. Deshalb verwaltet der Mann die Liegenschaften, steht dem von der Familie betriebenen Handelsgeschäft oder Gewerbebetrieb vor und hat die darin arbeitenden Angestellten unter sich. Die Frau leitet hingegen die Hausökonomie, zu der die Verpflegung aller im Haushalt und Geschäft lebenden und arbeitenden Personen, die damit verbundene Vorratshaltung, die Gartenbewirtschaftung und die Führung aller Hausangestellten gehören. Ihr obliegt auch die Erziehung der Kinder und die Pflege der Kontakte mit der Verwandtschaft und befreundeten Familien. Männer stehen zwar grundsätzlich hierarchisch über den Frauen, aber das Prinzip der absoluten Überordnung der Elterngeneration über die nachfolgenden Generationen ist stärker als die Geschlechterhierarchie: Die verheiratete, einem Haushalt vorstehende Frau mit Kindern hat in ihrem Kompetenzbereich Autorität über Männer und Frauen der jüngeren Generationen. Dem *Haus* steht also das Ehepaar vor, welches den Haushalt gegründet hatte, und zwar in seinem spezifischen Kompetenzbereich. Die *Familie*, das heisst der Familienverband wird hingegen von den ältesten verheirateten Männern oder verwitweten männlichen Mitgliedern mit einem eigenen Hausstand dominiert. Die jüngeren Generationen sind der älteren hierarchisch untergeordnet. Zur jüngeren Generation zählen grundsätzlich auch die unverheirateten männlichen und weiblichen Familienmitglieder, unabhängig von ihrem Alter, und die in einem fremden Haushalt wohnenden Paare. Nur Heirat und Gründung eines eigenen Hausstandes sowie Todesfälle verändern die Position des einzelnen in der Familienhierarchie.

In dieses Familienmodell ordnen sich die Geschlechtsvormundschaft, die Ehevogtei und das das Frauengut schützende eheliche Güterrecht ein. Die Vorstellung, dass eine alleinstehende Frau ohne männliche Aufsicht selbständig und in eigener Verantwortung über ihre Lebensführung, ihr Vermögen oder ihren Erwerb entscheidet, ist der Basler Oberschicht grundsätzlich fremd, mit einer bezeichnenden Ausnahme: der *Handelsfrau*, meist einer Witwe, welche das Geschäft ihres Gatten bis zur Mündigkeit ihrer Söhne weiterführt. Die gesamte Familienökonomie wurde demnach von den Interessen des Familienverbandes bestimmt, nicht denjenigen der einzelnen erwachsenen Mitglieder. Diesem Zweck diente einerseits die den verheirateten Männern vorbehaltene Verfügungsgewalt über die liegenden Güter, andererseits die die Interessen der Familie der Frau schützenden Bestimmungen über das Frauengut: Die Sonderrechte der Frau, mit welchen sie ihr eingebrachtes Gut gegen Misswirtschaft des Ehemannes schützen konnte, unterstreichen die lebenslange Bindung der verheirateten Frau an ihre Herkunftsfamilie und zeigen, dass ihrem Ehemann eigentlich nur ein Nutzungsrecht an dem von der Frau in die Ehe gebrachten Vermögen zugestanden wurde, während das eigentliche Besitzrecht bei der Familie der Frau blieb.

Das im 19. Jahrhundert sich allgemein in allen Bereichen durchsetzende Prinzip der *Individualität* entzog dem aus mehreren Haushalten bestehenden und von der ältesten Generation dominierten Basler Familienverband allmählich die rechtliche Grundlage und verstärkte die Position des einem Haushalt vorstehenden Mannes. Die gesetzlich an ein bestimmtes Alter gebundene Mehrjährigkeit und das seit 1874 von der Einwilligung der Eltern unabhängige Recht zur Heirat schränkten die Autorität der Väter über die Söhne, und seit 1876 auch über die Töchter ein. Die erweiterte Testierfreiheit und das 1884 revidierte Erbrecht stärkten das Verfügungsrecht des einzelnen Familienmitgliedes über sein persönliches Vermögen und die ökonomische Position der verwitweten Ehegatten gegenüber der im alten Noterbrecht zum Ausdruck kommenden Begünstigung der ökonomischen Interessen des Familienverbandes.

In dieser Entwicklung wird das Familienmodell fassbar, welches 1912 durch das Zivilgesetzbuch zur Norm erhoben wird: Die Idealfamilie besteht nur noch aus dem vom verheirateten Paar und seinen Kindern gebildeten Haushalt, dem der Mann vorsteht. Die rechtliche Position des Ehemannes wurde folgerichtig 1884 bei der Revision des ehelichen Güterrechtes tendenziell verstärkt: die der Ehefrau zugestandene Beistandschaft bei der Mitunterschrift von Verpflichtungen, die ihr in die Ehe eingebrachtes Vermögen betrafen, wurde aufgehoben. Ähnlich wie im Fall der *vornehmen* Mittelverwaltung wurde also eine Einflussnahme oder Aufsicht durch eine aussenstehende, die Interessen der Frau oder diejenigen ihrer Familie schützende Instanz beseitigt. Auch die Aufhebung des Konkursprivileges der Ehefrau wird, neben der rein wirtschaftspolitischen Argumentation, im regierungsrätlichen Ratschlag mit der engen Bindung zwischen Mann und Frau begründet: *Für eine bevorzugte Stellung der Ehefrau spricht nun allerdings die Erwägung, dass sie nach unserem Gesetze bisher mit der Heirat ohne weiteres ihr Vermögen in die Hand des Mannes übergeben musste und keinerlei Mittel hatte, sich vollständig gegen schlechte Wirtschaft des Mannes zu schützen; allein es muss doch gesagt werden, dass es dem Wesen der Ehe nicht recht entspricht, wenn die Ehefrau in guten Zeiten allen Genuss mit dem Manne teilt, in schlechten Zeiten aber von dem Unglück nicht betroffen wird, und im Gegenteil ihr Vermögen wieder sichert, nicht einmal zu reden von dem Falle, wo die Ehefrau trotz schlechten Geschäften mit dem Manne ohne jede Einschränkung das vorhandene Vermögen aufgezehrt hat und sich nun auf Kosten der Kreditoren ihr Weibergut aus der Konkursmasse zurückerstatten lässt.* Diese Entwicklung im Basler Recht stiess allerdings auf erheblichen und erfolgreichen Widerstand des Patriziats, dem es gelang, den für seine Familienökonomie und Heiratspolitik zentralen Schutz des Frauengutes bis 1912 zu erhalten.

Die Veränderungen im Aufbau und in der hierarchischen Struktur der Familie begleiteten den Wechsel ihrer ökonomischen Funktion. Der während des 19. Jahrhunderts sich beschleunigende Industrialisierungsprozess bewirkte durch die Konzentration der Produktion in grossen Fabrikanlagen eine zunehmende Verlagerung der Erwerbstätigkeit ausser Haus. Die Erwerbstätigkeit der Familienmitglieder ausser Haus löste die sogenannte Ökonomie des ganzen Hauses in weiten Teilen der Bevölkerung ab. Vor der vollen Entfaltung der Industrialisierung war die Familie nicht nur eine Lebensgemeinschaft, in welcher mehrere Generationen zusammenlebten, sondern in erster Linie eine Produktionsgemeinschaft aller in einem Haushalt lebenden Familienmitglieder. Alle produktiven Tätigkeiten, einschliesslich Kochen, Waschen und die Pflege der Kinder, spielten sich innerhalb des Wohnraumes und der Familie ab. So stellte sich die uns geläufige Unterscheidung zwischen bezahlter Erwerbstätigkeit ausser Haus und unbezahlter Hausarbeit weniger.

Durch die Trennung der Erwerbstätigkeit von der familiären Gemeinschaft verlor die Familie ihre Bedeutung als Produktionsgemeinschaft und wurde zunehmend zur Erwerbsgemeinschaft, während das Haus im allgemeinen Bewusstsein seine Bedeutung als Produktionsstätte verlor und zur reinen Behausung wurde. Diese Entwicklung des konkreten Inhaltes der Begriffe *Haus* und *Familie*, welche traditionell als weibliche Bereiche galten, liefert eine plausible Erklärung für den Statusverlust der verheirateten Frau in der Familienökonomie, wie ihn das Familien- und Eherecht im eidgenössischen Zivilgesetzbuch von 1912 festschrieb. Obwohl ihre Berufstätigkeit für die Mehrheit der Schweizer Familien unentbehrlich war, wurde ihr Beitrag durch den Ausschluss des weiblichen Kompetenzbereiches von der produktiven, den Männern zugeschriebenen Sphäre entwertet. Dem Mann allein stand die Rolle des *Ernährers der Familie* zu, die seine im Ehe- und Familienrecht festgeschriebene Machtstellung in der Familie rechtfertigen sollte. Das Recht, über die Erwerbstätigkeit der Frau zu entscheiden und über den allfälligen Erwerb zu verfügen, garantierten die ökonomische Abhängigkeit der Frau.

Es sei hier nur am Rande vermerkt, dass hinter der bis zur Statutenrevision von 1915 in der Gesellschaft für das Gute und Gemeinnützige üblichen Praxis, nur alleinstehenden Frauen eine selbständige Mitgliedschaft zu gewähren, dasselbe Frauenbild steht. Heisst es doch im Bericht des Vorstehers für das Jahr 1915: *Paragraph 4 (alt 3) stellt gegenüber früher ausdrücklich fest, dass auch unsere weibliche Bevölkerung zur Mitgliedschaft berechtigt ist.* **Bestand hierüber kein Zweifel, soweit es sich um ledige oder verwitwete Frauen handelte, so sollte mit der Änderung dokumentiert werden, dass auch Ehefrauen, selbst wenn ihre Ehemänner schon Gesellschaftsmitglieder sind, mit Freuden in der Gesellschaft willkommen geheissen werden sollen** *(Hervorhebung sj). Es musste diese Einladung an unsere Frauenwelt umso eher berechtigt erscheinen, als die Gesellschaft in den letzten Jahren öfter als früher in den Fall gekommen ist, für ihre Kommissionen auch die guten Dienste unserer Frauen in Anspruch zu nehmen.* Wen wundert es da noch, das Georgine Gerhardt, eine der Gründerinnen der *Vereinigung für Frauenstimmrecht* und die erste Frau, welche im Rahmen der von der Gesellschaft für das Gute und Gemeinnützige organisierten *Populären Vorträge* am 3. Juni 1918 im Bernoullianum sprechen durfte, ihrem Vortrag den Titel gab: *Die Frauenbewegung im Zeitalter der Revolution.* Das in Basel über den Ersten Weltkrieg hinaus gültige Arbeitsverbot für verheiratete Lehrerinnen oder Heiratsverbot für alleinstehende Lehrerinnen, beide Gesichtspunkte haben ihre Berechtigung, aber auch die uns vertrautere Polemik gegen die sogenannten Doppelverdiener haben denselben ideologischen Hintergrund. Der Grundwiderspruch, welchen man in Basel mit der Beibehaltung der Ehevogtei zu überbrücken suchte und den das Zivilgesetzbuch 1912 in einer den veränderten Verhältnissen angemesseneren Form löste, war demnach der folgende: Die selbständige weibliche Erwerbstätigkeit bedrohte innerhalb der Ehe die Grundlage der Geschlechterhierarchie, die traditionelle Verteilung der Rollen und der Kompetenzbereiche unter den Geschlechtern. Anderseits konnte auf die billige weibliche Arbeitskraft in der Wirtschaft und auf den Erwerb der Ehefrau in der Familie nicht verzichtet werden.

b) Die sogenannte Frauenfrage

Auf dem Hintergrund der Veränderungen der Familienstruktur und des Wechsels des der Gesetzgebung zugrunde liegenden Familienmodells wird auch die entgegengesetzte Entwicklung des personenrechtlichen Status von alleinstehenden und verheirateten Frauen in Basel zwischen 1876 und 1912 verständlich. Die Verengung des Familienbegriffes und die damit verbundene Idee, dass ausschliesslich der Ehemann für den Unterhalt der Familie aufzukommen habe, legte dies nahe, wie der folgende Textausschnitt aus einer der Eingaben zum *Entwurf eines Civilgesetzbuches für den Canton Basel-Stadt* zeigt: *Die Tutel (Geschlechtsvormundschaft, sj) ist zur Ausnahme, die Freiheit zur Regel geworden. Um so unbedenklicher scheint es uns, wenn auch der letzte Bruchteil der* *unter Tutel gehaltenen Weiber emanzipiert würde. **Denn ausser der Ehe, in welcher die Frau in den Frieden des Hauses und hinter die Verwaltung des Mannes zurücktritt** (Hervorhebung sj), ist sie immer mehr auf eigene Arbeit angewiesen. Und auch da, wo sie ihr Brod erwirbt, ohne eigentlichen Handel zu treiben, ist ihr die ökonomische Selbständigkeit immer schwieriger vorzuenthalten.* Die Bevogtung der Frauen wurde also in der konservativen Basler Oberschicht nicht grundsätzlich in Frage gestellt, aber aus pragmatischen Überlegungen auf die Ehe beschränkt. Die Aufhebung der Geschlechtsvormundschaft wurde deshalb mit der Ehelosigkeit der alleinstehenden Frauen gerechtfertigt. Ihnen wird die Handlungsfähigkeit nur zugestanden, um den fehlenden *Frieden des Hauses* auszugleichen, womit die ökonomische Absicherung durch die dem verheirateten Mann zugeschriebene Ernährerrolle gemeint ist, und um ihnen so zu ermöglichen, selbständig für ihren Unterhalt aufzukommen.

Die politischen und wirtschaftlichen Überlegungen, die hinter dieser Argumentation stehen, können wir einem Vortrag mit dem Titel *Die Frauenfrage* entnehmen, welcher im Februar 1870 in Basel gehalten wurde. Die sogenannte *Frauenfrage* umfasst zwei Problemkreise, welche beide die weibliche Erwerbstätigkeit betreffen: *Wir bemerken 1. dass die moderne Art der industriellen Arbeit, durch welche eine grosse Zahl von **Frauen** und **Mädchen** der **lohnarbeitenden Classe** in die Fabriken und Bergwerke getrieben wird, die **verheiratheten Frauen** ihrer Familie und ihren Pflichten als Hausfrau und Mutter entzieht, dass sie die **Mädchen** des Familienschutzes enthebt und ausser der Gefährdung ihrer Moral völlig unvorbereitet für den Beruf der Hausfrau in die Ehe treten lässt. Wir bemerken 2. dass einer grossen Zahl von **Mädchen aus den höheren und mittleren Gesellschaftsschichten**, welche zur Ehelosigkeit und zum selbständigen Erwerbe ihres Unterhaltes gezwungen sind, heute die Arbeitsfähigkeit und Arbeitsgelegenheit fehlen.*

Der Referent betrachtet die weibliche Erwerbstätigkeit als ein notwendiges Übel. Er stellt das traditionelle Frauenbild und die Geschlechterhierarchie nicht in Frage und hält am *natürlichen Mutterberuf* der Frau fest. Das mit grosser Verve verteidigte Recht der nicht verheirateten Frauen auf Ausbildung und selbständigen Erwerb wird damit begründet, dass es der alleinstehenden Frau verwehrt sei, in der Ehe die *selbständige Berufsthätigkeit und das Mittel der unabhängigen wirthschaftlichen Existenz zu finden.* Wir begegnen hier erneut dem Argumentationsmuster der oben besprochenen Eingabe. Es ist daher bezeichnend, dass der Referent in seinen Ausführungen zuerst die katastrophalen Folgen der Erwerbstätigkeit der verheirateten Frauen in der Arbeiterklasse ausmalt, bevor er auf die Folgen mangelnder Ausbildung der unverheirateten Frauen in der Mittel- und Oberschicht hinweist. Die Gleichstellung von Mann und Frau lehnt er ab; *weil wir ihnen (den Frauen, sj) die (in der Ehe idealtypisch verwirklichte, sj) ebenbürtige Selbständigkeit erhalten wollen, erklären wir uns auf das Entschiedenste gegen die Forderung der völligen Emanzipation.* Auch der beschränkte Emanzipationsbegriff der Eingabe zum *Entwurf eines Civilgesetzbuches für den Canton Basel-Stadt* findet sich hier wieder.

Der Referent vertritt ein Recht der Frauen der Mittel- und Oberschicht auf berufliche Ausbildung, da *die Ehelosigkeit eines Theils des weiblichen Geschlechts...in dem monogamischen Gesellschaftszustande eine nicht zu beseitigende statistische Nothwendigkeit* sei, weil zwar wohl mehr männliche Kinder als weibliche Kinder geboren werden, die Sterblichkeit der männlichen Kinder aber höher ist. Er lässt keines der üblichen Vorurteile gelten, welche der Berufstätigkeit der alleinstehenden Frauen im Wege stehen: *wirthschaftliche Arbeit für Andere (Lohnarbeit, sj)* schände nicht; berufstätige Frauen seien keine Konkurrenz für die Männer; es sei eine überholte Vorstellung, dass *der Frauen natürliche und im Haushalt der Volkswirthschaft unabänderliche wirthschaftliche Stellung die sei, die Consumation der Familie zu überwachen, dass vom Manne erworbene zu verwalten und zu erhalten*, da Frauen wie Männer gleichermassen in der Produktion tätig sein könnten, wie die Gegenwart zeige. Eine durchgreifende Reform der weiblichen Erziehung in Schule und Haus wird gefordert, welche auch den Frauen den Zugang zu allen Berufen erschliessen müsse. Private Vereine sollen diese Reform durchführen. Dieses Programm entsprach in grossen Teilen den Bemühungen der Gesellschaft für das Gute und Gemeinnützige auf diesem Gebiet, die einerseits seit 1813 mit der Gründung der Töchterschule sich für die Verbesserung der Mädchenbildung einsetzte und 1879 die Frauenarbeitsschule eröffnete, andererseits die Mitarbeit von Frauenvereinen unterstützte, auch mit der Absicht, durch finanzielle Zuschüsse die einzelnen Vereine zu kontrollieren und die Aktivitäten in diesem Bereich zu koordinieren. Es war in Basel aber nicht die Rede davon, den Frauen den Zutritt zu allen Berufsgruppen und zum Studium zu eröffnen, wie der deutsche Referent bereits 1870 forderte. Erst das Schulgesetz von 1880 schuf die Voraussetzungen, dass 1884 an der *höheren Töchterschule* eine *merkantile* und eine *pädagogische Abteilung* eröffnet werden konnten. Frauen waren seit 1890 an der Universität zugelassen, aber erst 1912 wurde an der Töchterschule eine Gymnasialabteilung mit eidgenössisch anerkannter Matur geschaffen.

So grosszügig und offen der Referent für die Sache der Frauenbildung eintrat, so entschieden polemisierte er gegen die *moderne Art der industriellen Arbeit* von Frauen und Mädchen der *lohnarbeitenden Classe* in der Fabrik, eine für christlich-konservative Kreise typische Polemik. Die Erwerbstätigkeit der verheirateten Arbeiterfrauen in Fabriken wird als Gefahr für die Gesellschaft dargestellt, weil die Frau nicht nur die Familie zerrütte wegen der Vernachlässigung ihrer *Pflichten als Hausfrau und Mutter* und damit *die Basis eines gesunden Staatslebens in diesen Classen erschüttert* werde, sie schädige auch die Töchter in doppelter Hinsicht: Da das Vorbild fehle, erlernten sie die Haushaltsführung nicht, so dass sie *unvorbereitet für den Beruf der Hausfrau in die Ehe treten*; der frühe Kontakt mit Männern in der Fabrik und im Bergwerk gefährde ihre *Moral*, da er ausserehliche Sexualkontakte erleichtere wegen des fehlenden *Familienschutzes*. So entstehe ein die Grundlagen der Familie zerstörender Kreislauf: *Den **unverheirateten** Fabrikarbeiterinnen raubt die Arbeit zunächst die Gelegenheit, sich die für den Beruf der Hausfrau nothwendigen Eigenschaften und häuslichen Tugenden anzueignen. Und* *das ist ein sociales Übel der stärksten Art. Denn für den guten Wirthschaftszustand des Arbeiters, für die sparsame Verwendung seines Einkommens, für die günstige Gestaltung seines ganzen socialen Lebens sind jene Eigenschaften der Frau von der höchsten Wichtigkeit und geradezu von entscheidender Bedeutung. Jeder Blick in diese Kreise zeigt uns die Wahrheit jenes Satzes, denn er zeigt uns, wie in ihnen wirthschaftliches Glück und Unglück bei gleichem Einkommen wesentlich von der Frau abhängen. Wie aber soll die Arbeiterfrau wirklich ihre Aufgabe erfüllen können, wenn sie nach dem Austritt aus der Schule nur der Arbeit in der Fabrik sich hingegeben, wenn sie weder zu nähen noch zu flicken, weder zu waschen noch zu kochen gelernt, wenn sie weder den Sinn für Ordnung, Reinlichkeit, Wirthschaftlichkeit und behagliches Hauswesen, noch ein Verständnis für die liebevolle Pflege des Mannes und die moralische Erziehung ihrer Kinder gewonnen hat. Dürfen wir uns da wundern, dass, wie es tausendfach geschieht, die mangelhafte Bildung die (verheiratete, sj) Frau wieder in die Fabrik und die unbehagliche Häuslichkeit den Mann nach wie vor in's Wirthshaus treibt?*

Die Armut und Verelendung der Arbeiterfamilien mit all ihren Begleiterscheinungen wird, indem Folge und Ursache logisch verwechselt werden, einseitig auf die Erwerbstätigkeit der Arbeiterinnen ausser Haus zurückgeführt und so ein (falscher) kausaler Zusammenhang zwischen der *Frauenfrage* und der *socialen Frage* hergestellt. Die Folgen zu niedriger Löhne und katastrophaler Arbeitsbedingungen sollten sich beseitigen lassen, indem die Frauenarbeit in den Fabriken auf das unumgänglich Notwendige reduziert würde durch staatliche Zwangsmassnahmen, soweit dies *ohne die Gefährdung berechtigter Interessen* möglich war. Der Referent nennt unter anderem die Beschränkung der Arbeitszeit, den Ausschluss von gefährlichen und gesundheitsschädigenden Arbeiten, den Wöchnerinnenschutz, polizeiliche Kontrolle der Wohnverhältnisse, Durchsetzung des Schulzwanges etc., also mehrheitlich Massnahmen, welche die Arbeiter und Arbeiterinnen in ihrer schon durch ökonomische Zwänge stark eingeschränkten Entscheidungsfreiheit trafen und deren Kosten sie selber zu tragen hatten: Der Wöchnerinnenschutz bestand zum Beispiel in einem nackten Arbeitsverbot, die Lohnzahlungen entfielen. Staatliche Zwangsmassnahmen seien notwendig, da die *Selbsthilfe der Betheiligten* völlig ungenügend sei: *Hier sind nicht einmal Coalitionen zur Erreichung einer humanen Arbeitszeit und Arbeitsart, zur Regulierung des Arbeitsangebotes, zur Erzielung eines gerechten Arbeitslohnes wie die Gewerkvereine männlicher Lohnarbeiter anwendbar.* Offenbar wehrten sich die betroffenen Ehemänner gegen diese Lösungsvorschläge.

Da es sich nach Ansicht des Referenten *ebenso sehr ‹um› moralische als wirthschaftliche Missstände* handle, reichen staatliche Massnahmen nicht aus: *Zu dieser Staatshülfe muss ergänzend die Gesellschaftshülfe, d.h. die Hülfe der besser situirten Classen treten.* Diese Erweiterung des Problems vom (wirtschafts)politischen in den moralischen Bereich ermöglicht, einen Appell an die Frauen der genannten Kreise zu richten: *Wie oft beklagen sich diese, dass nur dem Manne die öffentliche und sociale Thätigkeit beschieden sei, ihnen dagegen das bescheidene Loos im Hause und im Familienkreise zufalle!*

*Nun wohl, hier ist ein Feld, auf dem recht eigentlich unsere Frauen eine ebenso nothwendige und segensreiche **wie ihrem Wesen entsprechende Wirksamkeit** (Hervorhebung sj) entfalten können.* Die Polemik gegen die entstehende Frauenstimmrechtsbewegung ist unüberhörbar. Der Referent steckte klar das zulässige, weil von den Männern geduldete Tätigkeitsfeld für Frauenvereine am Rande des öffentlichen Bereiches ab. Es wird aber auch deutlich, in welch problematischer Situation sich Vertreterinnen der sogenannten bürgerlichen Frauenbewegung befanden, welche die Grauzone zwischen staatlicher Sozialpolitik und privater Hilfstätigkeit als politischen Handlungsraum nutzten. Sie waren nicht nur von der politischen Unterstützung der Männer abhängig, sie gerieten auch in eine sehr fragwürdige Position gegenüber den von ihnen «betreuten» Frauen, da sie ihnen ja absprachen, was sie selbst beanspruchten: mehr Selbstbestimmung.

Quellen:

Eingabe von Hermann Christ vom 7. Dezember 1866, Staatsarchiv Basel, Justiz-Akten B 7 (zitiert nach Münch, *Basler Privatrecht*, S. 58)

Gesellschaft für das Gute und Gemeinnützige, Staatsarchiv Basel, Privatarchiv 146, E 2 Populäre Vorträge

Gesellschaft für das Gute und Gemeinnützige, Staatsarchiv Basel, Privatarchiv 146, Z 1 Geschichte der Gesellschaft (Blaue Jahresberichte)

Ratschlag und Gesetzesentwurf *betreffend das Mehrjährigkeitsalter und betreffend die Handlungsfähigkeit der Frauenspersonen* vom 1. Mai 1871, Staatsarchiv Basel, Ratschlag Nr. 481 (zitiert nach Münch, *Basler Privatrecht*, S. 101/102)

Ratschlag und Gesetzesentwurf *betreffend eheliches Güterrecht, Erbrecht und Schenkungen*, Staatsarchiv Basel, Ratschlag Nr. 671 (zitiert nach Münch, *Basler Privatrecht*, S. 145)

Gustav Schönberg, *Die Frauenfrage*, Basel, 1872

4. Verstaatlichung gegen freiwilliges Ehrenamt

Mit der Totalrevision der Verfassung von 1875 wurde das *Ratsherrenregiment* zwar gestürzt, aber die *Geschlechterherrschaft* war damit nicht beendet: die *Altbürger*, das heisst Abgeordnete, deren Eltern bereits als Basler Bürger geboren worden waren, verloren erst 1902 die absolute Mehrheit der Sitze im Grossen Rat, obwohl schon viel früher Basler Bürger nicht mehr die Mehrheit der städtischen Wohnbevölkerung stellten. Das Patriziat war durch die Reorganisation der Regierungsorgane und der Verwaltung nicht in seiner eigentlichen «Hausmacht» getroffen: Es organisierte sich in den Zünften und Gesellschaften, den Verwaltungs- und Gemeindestrukturen der reformierten Kirche, den *Reichgotteswerken* und den zahlreichen privaten Wohltätigkeitseinrichtungen. Darin kam die enge Bindung des Patriziats an die reformierte Kirche und an religiöse Werte zum Ausdruck. Der *Herrenverein*, die 1874 gegründete Basler Sektion des Eidgenössischen Vereins und die Quartiervereine des *Safranvereins*, in welchem die liberal-konservativen Grossräte sich während des Basler Kulturkampfes zusammengeschlossen hatten, wuchsen direkt aus diesem kirchlich-religiösen Bereich heraus. Diese im eigentlichen Sinne politischen Organisationen des konservativen und des liberal-konservativen Patriziates entstanden spät und spielten bis in die neunziger Jahre eine untergeordnete Rolle in der lokalen Politik. Bezeichnenderweise wurde die liberal-konservative Partei erst 1904 gegründet, als das Proporzwahlsystem eingeführt wurde. Hingegen spielten die vom Patriziat unterhaltenen gemeinnützigen und wohltätigen Vereine und Einrichtungen in den Auseinandersetzungen mit dem Freisinn und den Sozialdemokraten um die Lösung der sogenannten *sozialen Frage* eine wichtige Rolle.

Die Pflege der *Gemeinnützigkeit* erlaubte es nicht nur, das eigene soziale Verantwortungsgefühl nach aussen hin darzustellen. Die private Wohltätigkeit machte es auch möglich, die Bedeutung der für das eigene Selbstverständnis zentralen Prinzipien der *Ehrenamtlichkeit* und der *Freiwilligkeit* in der Öffentlichkeit praktisch vorzuführen, nachdem sie durch die Verfassungsrevision von 1875 aus der staatlichen Organisation verbannt worden waren. Die Effizienz der eigenen gemeinnützigen Einrichtungen konnte politisch immer dann ins Feld geführt werden, wenn es galt, den vom Freisinn vorangetriebenen Ausbau der staatlichen Kompetenzen und die Notwendigkeit staatlicher Kontrolle im sozialen Bereich in Frage zu stellen, oder die vor allem von den Sozialdemokraten vertretene Idee eines gesetzlich garantierten Anspruches auf staatliche Sozialleistungen zurückzuweisen. In der politischen Auseinandersetzung um die Gestaltung der Basler Sozialpolitik kam deshalb der beinahe vollständigen Kontrolle der öffentlichen und privaten Armenpflege durch das Patriziat ein nicht zu unterschätzendes Gewicht zu. Gemäss einer Erhebung gab es in Basel im Jahre 1903 über hundert meist private Vereine und Institutionen, die sich mit Armen- und Krankenfürsorge beschäftigten: 14 entfielen auf den Staat, 6 auf die Basler Bürgergemeinde, 16 auf die Kirche, 18 auf die Gesellschaft für das Gute und Gemeinnützige und 48 auf die private Tätigkeit. Bezeichnend ist das in der Erhebung errechnete Verhältnis des finanziellen Aufwandes von Staat, Kirche und Privaten: Vom Gesamtaufwand entfielen 19% auf den Staat, 30,4% auf die Bürgergemeinde, 2,3% auf die Kirche, 14% auf die Gesellschaft für das Gute und Gemeinnützige und 34,3% auf die anderen privaten Einrichtungen. Die Privaten wenden zusammen mehr als das Doppelte für die Niedergelassenenfürsorge auf als der Staat. Ebenso wird deutlich, dass die Gesellschaft für das Gute und Gemeinnützige wegen ihrer Grösse und der engen Verflechtung mit Behörden und Regierung nicht nur finanziell, sondern auch politisch unter den privaten und kirchlichen Wohltätigkeitseinrichtungen mit Abstand die wichtigste war.

Die sozialpolitischen Vorstellungen und die Haltung des Basler Patriziats gegenüber der *sozialen Frage* beherrschten deshalb lange die Diskussion um die staatliche Sozialpolitik und die Entwicklung der sozialen Fürsorge im öffentlichen Bereich. Daran änderte erst die Einführung des Proporzwahlsystems 1904 etwas, welche nicht nur die fast dreissigjährige Herrschaft des Freisinns beendete, sondern es den Sozialdemokra-

ten, welche bis zum Ersten Weltkrieg zur stärksten Fraktion des Grossen Rates heran-
wuchsen, auch möglich machte, die bürgerliche Alleinherrschaft in Frage zu stellen.
Dies erklärt weitgehend, warum erst mit dem Armengesetz von 1911 alle privaten Fürsorgeeinrichtungen einer staatlichen Kontrolle unterstellt wurden und eine zentrale
staatliche Koordinationsstelle geschaffen werden konnte, obwohl die Basler Kantonsverfassung von 1889 in Artikel 16 ausdrücklich die *Mitwirkung und Unterstützung* des
Staates in der Armenpflege vorsah und 1897 die Allgemeine Armenpflege dem Kanton
unterstellt worden war, allerdings rechtlich weiterhin ein privater Verein blieb, welcher
nur einen kleinen Teil der zahlreichen Fürsorgeeinrichtungen kontrollierte.

Die schwache politische Organisation der männlichen Vertreter des Patriziats und die
politische Bedeutung, welche den gemeinnützigen Vereinen und Einrichtungen zukam,
hatten interessante Auswirkungen auf die Handlungsmöglichkeiten der Frauen des Basler Patriziates. Waren die Männer für die Sozial**politik** zuständig, wurde die praktische
Umsetzung und Durchführung dieser Politik traditionell den Frauen überlassen. Die
politische Bedeutung, die die praktische Fürsorgearbeit der Frauen erhielt, schuf eine
Abhängigkeit der Männer von den Frauen, welche es den Frauen erlaubte, im Bereich
der Armenpflege und der Fürsorge ihren geschlechtsspezifischen Kompetenzbereich bis
in den öffentlichen Bereich auszuweiten und praktisch selbständig zu handeln, solange
sie darin von den Männern politisch unterstützt wurden. Denn diese private Sozialpolitik, welche die Effizienz der von den Männern verteidigten Prinzipien *Freiwilligkeit* und
Ehrenamtlichkeit unter Beweis stellte, konnte von den Männern nur finanziert werden
durch die systematische Gratisarbeit der eigenen Frauen und Töchter. Als diese weibliche Schattenarbeit zur Beschaffung der Mittel durch Kollekten und Bazare, zur Bewälti-
gung der Verwaltungsarbeiten und der Fürsorgearbeit nicht mehr ausreichte und die
Frauenvereine begannen, vom Staat Subventionen zu verlangen, konnte diese Politik
öffentlich in Frage gestellt werden. Dies war 1911 der Fall, die finanzielle Krise begann
sich aber bereits um 1905 abzuzeichnen.

Der Basler Frauenverein zur Hebung der Sittlichkeit entwickelte sich zwischen 1901
und 1910 zu einer Art Dachverband der wohltätigen und gemeinnützigen Frauenvereine
und wurde so zur grössten und einflussreichsten Basler Frauenorganisation überhaupt.
1911 zeigte die Betriebsrechnung aber, dass die Unterhaltskosten für die Anstalten der
Frauenfürsorge und der Jugendfürsorge, für das Pflegekinderwesen, sowie der Lohn für
die in der Fürsorge tätigen sechs Sekretärinnen nur noch für 1912 voll gedeckt waren.
Deshalb bemühte sich der Verein mit einem Gesuch um einen regelmässigen Staatsbei-
trag. Der regierungsrätliche Entscheid zog sich in die Länge, da im Hinblick auf das
Inkrafttreten des neuen Zivilgesetzbuches 1911 die dem Justizdepartement unterstellte
Vormundschaftsbehörde geschaffen und die Kompetenzen und der Zuständigkeitsbe-
reich dieser neuen Behörde noch nicht klar definiert waren. Im Januar 1912 teilte der
Vorsteher des Justizdepartementes dem Leiter der Vormundschaftsbehörde offiziell mit,
dass im Budget seines Departementes für das Jahr 1912 eine Subvention von Fr. 5000.–
an den Basler Frauenverein zur Hebung der Sittlichkeit vorgesehen sei und dass sich die

Vormundschaftsbehörde mit dem Verein über dessen *Mitwirkung* beim Vollzug der Schutzaufsicht über Jugendliche verständigen solle. In der Vorstandssitzung des Basler Frauenvereins vom 9. Februar 1912 wurde dann *ein Brief der Vormundschaftsbehörde verlesen*, welcher eine diesbezügliche Anfrage enthielt. Keiner der Beteiligten schien sich Rechenschaft darüber zu geben, dass die Übertragung der Schutzaufsicht an einen privaten Verein rechtlich nicht abgesichert war. Am Vormittag des 22. Februar 1912 kam das Budget des Justizdepartements für 1912 zur Beratung. Ein freisinniger Grossrat stellte den Antrag auf Streichung der Subvention von Fr. 5000.–, *und zwar aus prinzipiellen Gründen. Er glaubt, das, was der Frauenverein zur Hebung der Sittlichkeit leiste, sei nicht Sache eines privaten Vereins, sondern des Staates. Ein privater Verein soll nicht zur Inspektion des Familienlebens ermächtigt werden (womit das Pflegekinderwesen und die Jugendfürsorge gemeint sind, sj); so weit gehende Kompetenzen darf man einem Verein nicht erteilen. Hiezu soll man tüchtige gereifte Beamte verwenden. In bester Absicht können die Frauen des genannten Vereins über's Ziel hinausschiessen. Mit der Aufsicht dürften höchstens soziale Vereine betraut werden. Das System der Frauenvereine ist nicht einwandfrei; mit Schnüffelei ist es nicht getan. Woher nimmt der Verein das Recht Strafanzeigen zu stellen? Man kann damit eher Schlimmes als Gutes erreichen. Der Verein ist nach Ansicht des Redners weder politisch noch kirchlich neutral, also nicht geeignet, staatliche Aufsichtsfunktionen auszuüben. Wenn der Redner für Streichung des Betrages stimmt, so will er dem guten Zweck der Sittlichkeitsbewegung durchaus nicht zu nahe treten; nur sollten sich andere Organe damit befassen.* Nach einer hitzigen Debatte, in deren Verlauf der Antrag sowohl von der Katholischen Volkspartei als auch von den Sozialdemokraten unterstützt wurde, präzisierte derselbe freisinnige Grossrat seine Position noch: *Der Verein hat sich zu einer Art **Nebenregierung** (Hervorhebung sj) ausgebildet; leistet der Grosse Rat eine Unterstützung, so sanktioniert er damit diese Nebenregierung. Streichen wir heute den Posten, so bleibt es ja später dem Regierungsrat unbenommen, einen Nachtragskredit zu verlangen.* Bei der Schlussabstimmung entschied der Grosse Rat mit 61 zu 25 Stimmen auf Streichung.

Ich entnehme dem letzten Votum des Freisinnigen, dass es ihm weniger um einen Angriff auf den Basler Frauenverein als solchen zu tun war, als um eine grundsätzliche Infragestellung der Sozialpolitik des liberal-konservativen und städtischen Bürgertums. Die dringend notwendige Zentralisierung und Verstaatlichung der Fürsorge wurde hintertrieben, indem das Patriziat diese Aufgaben den eigenen Frauen und Töchtern übertrug und so der Kontrolle durch die Parteien oder den Staat entzog. In diesem Sinne stellte der Basler Frauenverein zur Hebung der Sittlichkeit tatsächlich eine *Nebenregierung* dar. In der Nachmittagssitzung überwies der Grosse Rat dem Regierungsrat einen Antrag zur Berichterstattung, welcher unter dem Titel Vormundschaftsbehörde die Einstellung eines Postens von Fr. 10'000.– für die Jugendfürsorge vorsah. Der Grosse Rat sprach sich also klar für eine zentralisierte staatliche Jugendfürsorge aus. Das Konzept der Koordination von privater und staatlicher Fürsorge war damit nicht grundsätzlich in

Frage gestellt, aber es wurde deutlich, dass die private Fürsorge nur noch unter staatlicher Aufsicht politisch akzeptabel war. Damit wurde der Handlungsspielraum der Frauen des Basler Patriziates ganz wesentlich beschränkt. Die bisher von Frauen eingenommenen leitenden Positionen übernahmen nun Männer. Die erfahrenste Sekretärin des Basler Frauenvereins wechselte in die Vormundschaftsbehörde und wurde die erste beamtete Basler Fürsorgerin.

Das späte Scheitern der politischen Zusammenarbeit zwischen Frauen und Männern der Basler Oberschicht in der Sozialpolitik erklärt nach meiner Meinung die auffällige Verspätung, mit welcher im Vergleich zu anderen Schweizer Städten wie Genf oder Zürich in Basel die ersten Frauenorganisationen entstehen, welche sich offen für das Frauenstimmrecht und die Gleichstellung von Frauen und Männern einsetzten. Ausser den verschiedenen Arbeiterinnenvereinen, deren Geschichte 1887 beginnt, setzt sich kein Basler Frauenverein vor 1905, dem Gründungsjahr der *Töchterunion*, öffentlich für das Frauenstimmrecht ein. Die *Vereinigung für das Frauenstimmrecht* wurde erst 1916 gegründet, also gleichzeitig mit der Wahl der ersten Frauen in die Gemeinderäte der reformierten Kirche. Es steckt also eine tiefe Einsicht in die politischen Abläufe in der 1908 von Emilie Burckhardt-Burckhardt im Vorstand des Basler Frauenvereins zur Hebung der Sittlichkeit gemachten Festellung: *Wenn man den Frauen das reden verbietet, zwingt man sie dazu, das Frauenstimmrecht zu verlangen.* Er zeigt, dass die betroffenen Frauen sich dessen im Laufe eines schmerzhaften Lernprozesses bewusst wurden. Denn das Scheitern der konservativen Sozialpolitik hatte für die Frauen grundsätzlich andere Folgen als für die Männer: Während diese sich eine neue politische Organisation schufen, die liberal-konservative Partei, blieben die Frauen von der Politik ausgeschlossen – weil sie Frauen waren.

Quellen:

Basler Frauenverein (zur Hebung der Sittlichkeit), Staatsarchiv Basel, Privatarchiv 882, Vorstandsprotokolle
Schweizerischer Verband der deutschschweizerischen Frauenvereine zur Hebung der Sittlichkeit, Staatsarchiv Basel, Vereine und Gesellschaften B 25
«Basler Nachrichten» vom 23. Februar 1912
Stückelberger Karl, *Die Armen- und Kranken-Fürsorge in Basel*, Basel, 1905

5. Grenzen

Die Unterordnung der Frau unter den Mann wurde während des ganzen 19. Jahrhunderts in der Schweiz von den meisten Männern und Frauen nicht in Frage gestellt. 1886 versuchte die erste promovierte Schweizer Juristin, die Zürcherin Emily Kempin-Spyri, die

Gleichstellung von Mann und Frau mit Berufung auf Artikel 4 der Bundesverfassung durchzusetzen. Das Bundesgericht wies ihren Rekurs ab und stellte in seinem Urteil vom 29. Januar 1887 fest: *Wenn die Rekurrentin aus Artikel 4 der Bundesverfassung folgert, er postuliere die volle rechtliche Gleichstellung der Geschlechter auf dem Gebiete des gesamten öffentlichen und Privatrechts, so ist diese Auffassung ebenso neu als kühn, **sie kann aber nicht gebilligt werden** (Hervorhebung sj)*. Unter Berufung auf die bisherige Gesetzgebung und Rechtspraxis wiesen die Bundesrichter grundsätzlich die von Emily Kempin-Spyri aufgestellte Behauptung zurück, dass Mann und Frau zwar körperlich verschieden, aber als Menschen gleichwertig und deshalb gleichberechtigt seien. Die Unterlegenheit der Frau und ihre Unterordnung schien diesen Männern (noch) so fraglos richtig, dass der Rekurs von Emily Kempin-Spyri, mit welchem sie diese Selbstverständlichkeit hinterfragte, nur als Verzerrung des wahren Sachverhaltes empfunden und deshalb *nicht gebilligt werden* konnte.

Die richterliche Missbilligung betraf aber nicht nur die inhaltliche Argumentation von Emily Kempin-Spyri. Verurteilt wurde höchstinstanzlich, dass eine Frau es wagte, öffentlich Männern zu widersprechen. Frauen hatten für Männer im 19. Jahrhundert keine Stimme: sie sollten schweigen und *im Stillen wirken*, das heisst *dienen* und ihre untergeordnete Stellung nicht in Frage stellen. Schweigen war Zeichen weiblicher Unterordnung. Dies ist der tiefere Grund, weshalb Frauen von der höheren Bildung, leitenden Stellen, aber auch vom Predigen und der Ordination ausgeschlossen wurden. Es stellt sich in allen genannten Fällen dasselbe Problem: Wurde den Frauen das Recht zu studieren und damit auch zu lehren oder zu predigen zugestanden, hiess dies auch, dass Frauen Autorität über Männer erhielten, die Geschlechterhierarchie sich also verkehrte. Dieser Gesichtspunkt gab zum Beispiel im März 1889 im Comité der Basler Mission den Ausschlag, um die Bewerbung der damals vierundzwanzigjährigen Sieglinde Stier abzulehnen, welche sich in London am Zenana Medical College zur Missionsärztin ausbilden lassen wollte: *Wir können uns die Stellung einer Missionsärztin im Geschwisterkreis (unter den anderen männlichen Missionaren, sj) nicht denken und die in Frage stehende scheint eine recht decidierte Dame zu sein. Endlich scheint…auch die prinzipielle Frage, ob Frauen zu Ärzten berufen sind, sich eher mit Nein zu beantworten; **denn dies ist eine leitende Autoritätsstellung** (Hervorhebung sj)*.

Schweigen und Reden hatten für Frauen einen ganz anderen Stellenwert als für Männer. Es kam unter Frauen sehr häufig zu Konflikten, welche Forderungen vorgetragen werden sollten, an wen man sich wenden sollte und wie man am besten vorging, um zum Ziel zu gelangen. Je mehr Frauen forderten, desto schwieriger war es, ein gemeinsames Vorgehen zu erreichen, ein deutliches Indiz dafür, welchem inneren und äusseren Druck die Frauen in solchen Situationen ausgesetzt waren. Blieb der Erfolg aus, war dies nicht nur ein Misserfolg. Das Scheitern kam für die beteiligten Frauen einem öffentlichen Gesichtsverlust gleich. Die Ereignisse um eine Petition des Basler Lehrerinnenvereins an den Grossen Rat zeigen dies eindrücklich.

Im November 1896 versuchte eine Gruppe von jungen Lehrerinnen der Töchterschule mit einer Petition an den Grossen Rat zu erreichen, dass Lehrerinnen der gleiche Stundenlohn zugestanden würde wie Lehrern. Zu Unstimmigkeiten kam es offenbar bereits während der Diskussion an der Generalversammlung des Lehrerinnenvereins am 19. September 1896. Die Präsidentin und Gründerin des Vereins, Maria Gundrum, unterstützt von der Mehrheit des Vorstandes, beantragte die drei folgenden Forderungen in die Petition aufzunehmen: 1) Gleicher Stundenansatz für Lehrerinnen und Lehrer; 2) Zulassung von Frauen in die Schulinspektionen der Mädchenschule; 3) Zulassung der Lehrerinnen auch zum Unterricht an den oberen Klassen der Töchterschule. Die letzte Forderung musste fallengelassen werden, da sie keine Unterstützung bei der Mehrheit der anwesenden Vereinsmitglieder fand. Widerstand kam offenbar vor allem von den älteren Lehrerinnen. Wir können dies einem in der National-Zeitung referierten Votum des Rektors der Töchterschule, welcher die Petition im Grossen Rat im Juni 1897 bedingungslos unterstützte, entnehmen: *Die älteren Lehrerinnen haben das Vorgehen ihrer jüngeren Kolleginnen nicht gebilligt. Wenn sie auch in der Sache mit ihnen einverstanden seien, so haben sie doch gefunden, man hätte sich nicht so vorwagen sollen.* Der Konflikt schien aber über den Lehrerinnenverein hinauszugehen. Eine andere Gruppe von Frauen, deren Verhältnis zum Lehrerinnenverein heute schwer rekonstruierbar ist, reichte praktisch gleichzeitig eine zweite Petition im Grossen Rat ein, welche nur die Zulassung von Frauen in die Schulkommissionen forderte. Die Uneinigkeit unter den Lehrerinnen und das Vorliegen der zweiten Petition erlaubte es der Petitionskommission, die Gruppe um Maria Gundrum öffentlich zurechtzuweisen und dadurch auch innerhalb des Lehrerinnenvereins zu desavouieren: Sie empfahl die Ablehnung der Petition des Lehrerinnenvereins und die Weiterleitung der zweiten Petition an den Regierungsrat. Der Misserfolg blieb nicht ohne Folgen für die verantwortlichen Frauen und den Verein. In der Generalversammlung 1897 erklärte Maria Gundrum ihren Rücktritt. Mit ihr traten alle ihre engeren Mitarbeiterinnen im Vorstand zurück. Der Lehrerinnenverein verzichtete bis zum Ersten Weltkrieg auf ähnliche Vorstösse. Erst 1908 liess sich der Verein mit dem falschen Gründungsdatum 1905 in das *Basler Adressbuch* eintragen, und zwar als gemeinnütziger Verein. Offenbar sollte unter allen Umständen vermieden werden, erneut mit dieser fatalen Geschichte in Zusammenhang gebracht zu werden.

Ähnlich wie Maria Gundrum erging es zehn Jahre später Maria Barbara Richter-Bienz, der Gründerin und Vorsteherin der Temporären Kinderversorgung, einem Zweig der zum Basler Frauenverein zur Hebung der Sittlichkeit gehörenden Jugendfürsorge. 1907 erregten mehrere lokale Fälle von schwerer Kindsmisshandlung und Kindstötung grosses Aufsehen in der Stadt. Der Verein hatte schon mehrfach durch Prozesse versucht, misshandelte oder missbrauchte Kinder dem Einfluss ihrer Eltern oder ihrer Vormünder zu entziehen. Die Klagen wurden aber immer als unzutreffend oder übertrieben abgewiesen. Dies veranlasste offenbar Maria Barbara Richter-Bienz im Dezember 1907 in einer Sonntagsnummer der «Fliegenden Blätter» einen von ihr namentlich gezeichneten Artikel zu veröffentlichen, in welchem sie die staatliche Finanzpolitik in Sachen *Kinderschutz* kritisierte und *der Basler Polizei mangelhaftes Eingreifen zum Schutz von misshandelten und sittlich gefährdeten (sexuell missbrauchten, sj) Kindern* vorwarf. Dieser Artikel wurde von den betroffenen Beamten sehr schlecht aufgenommen, besonders der für den Verein politisch wichtige Vorsteher des Justizdepartements schien brüskiert zu sein. In der Debatte, welche der Ehemann der Vereinspräsidentin Lily Zellweger-Steiger am 13. Dezember in der Grossratssitzung durch eine Interpellation an die Regierung auslöste, um *der Regierung Gelegenheit zu geben, sich über die in der Presse geäusserten gegen die Behörden erhobenen Vorwürfe zu äussern*, meinte der dem Verein persönlich nahestehende Vorsteher des Justizdepartementes: *Die **stille** (Hervorhebung sj) Mitwirkung der Frauenvereine für den Kinderschutz ist sehr verdankenswert. Aber ihr **lautes** (Hervorhebung sj) Vorgehen war nicht richtig. Sie hätten ihre Beschwerden zunächst bei der Regierung anbringen sollen, bevor sie die Presse benützten. Wir (Männer, sj) haben in diesen Sachen ein warmes Herz und einen kühlen Kopf. Die Frauen scheinen ein warmes Herz und einen heissen Kopf zu haben. Sie hätten sich fragen sollen, ob die Presse der richtige Ort für ihre Beschwerden sei, und ob nicht gerade die öffentliche Erörterung zur Verminderung des Schamgefühls beitrage...Diese Seite ihres Vorgehens sollten sich die Frauen künftig überlegen. **Es gehört eben ausserordentlich viel Weisheit dazu, in die Zeitung zu schreiben** (Hervorhebung sj).* Der Vorsteher des Justizdepartementes verbat sich die öffentliche Diskussion und verwies den Basler Frauenverein auf informelle Wege: dies war die Grundvoraussetzung für die bisherige Zusammenarbeit mit den Behörden. Der Vorwurf, mit der *öffentlichen Erörterung zur Verminderung des Schamgefühls* beizutragen, deutet aber den eigentlichen Konfliktpunkt an. Maria Barbara Richter-Bienz hatte in aller Öffentlichkeit auf die eigentlichen Hintergründe dieser Vorfälle hingewiesen: das durch Gesetzgebung und Rechtspraxis legitimierte Verfügungsrecht von verheirateten Männern über ihre Frauen und Kinder, dessen Schutz den von Männern verwalteten Behörden offenbar wichtiger war als der Schutz von Frauen und Kindern vor dem Missbrauch dieses Rechtes, vor allem in seiner brutalsten Form, der sexuellen Ausnützung von Frauen und Kindern. Indem sie als Frau dies öffentlich aussprach, brach sie mit dem grössten gesellschaftlichen Tabu ihrer Gesellschaftsschicht und denunzierte mit ihrem Protest das Schweigen aus *Schicklichkeit* der Mehrheit von Männern und Frauen als Gleichgültigkeit oder heimliche Duldung.

   Dies wird ganz deutlich, wenn wir ihr Vorgehen mit demjenigen von Lily Zellweger-Steiger, der Präsidentin des Basler Frauenvereins, vergleichen, welche einen Monat vorher anonym (sie zeichnete mit: *eine Frau*) im selben Zusammenhang einen längeren, äusserst vorsichtig formulierten Artikel über die Hintergründe von Kindstötungen und Kindsmisshandlungen **durch Frauen** in den von ihrem Mann geleiteten «Basler Nachrichten» publiziert hatte. Zum Fall einer Kindsmörderin stellte sie fest: *Vor dem Gesetz war sie nach heutiger Auffassung allein schuld, wir wissen das. Aber wohl in unser aller Herz spricht die Stimme des Gewissens, dass sie Mitschuldige hatte. Da sind in erster Linie die beiden Geliebten, die an der Tat mitschuldig sind; der erste, der sie verliess, der zweite, von dem sie mit Recht glauben musste, er verlasse sie auch. Diese beiden*

Männer können nicht vor den irdischen Richter gebracht werden. Unser Gewissen ist noch nicht so weit erwacht, dass wir die treulosen Verführer von Kindsmörderinnen als des Mordes teilhaftig verurteilen…Aber auch wir Frauen haben Mitschuld an diesen Verbrechen. Warum hat sich M. S. so bitterlich ihrer Kinder geschämt? Weil sie auch bei den Frauen nicht sicher sein konnte, dass ihr Verzeihung und Hilfe zu teil werden würde. Weil noch viele unseres Geschlechtes auch nur bittere Verachtung haben gegen die unehelichen Mütter. Lily Zellweger-Steiger vermied es also peinlich, die Männer über die *Verführer* hinaus direkt der Gleichgültigkeit oder heimlichen Duldung dieser Vorfälle anzuklagen. Sie stellte nur allgemein fest, dass Recht und Gerechtigkeit noch nicht in Einklang gebracht waren. Indem sie an das Gewissen der Frauen appellierte und sie aufforderte, ihre persönliche Haltung und ihr persönliches Verhalten den betroffenen Frauen gegenüber zu verändern und so die geltende, einseitig nur die Frauen verurteilende Moral in Frage zu stellen, verschob sie die Diskussion dieser höchst brisanten Frage in einen privaten Raum ausserhalb konkreter und expliziter Bezüge zur Tagespolitik. Im Ganzen stellt ihr Artikel eine Art Grenzbegehung dar: sie geht bis zum Äussersten, überschreitet aber die von den Männern festgelegten Grenzen nicht.

Frauen waren nicht nur in ihren Rechten und in ihrem Handlungsspielraum stark eingeschränkt, auch ihrer Bewegungsfreiheit ausserhalb des eigenen Haushaltes waren klare Grenzen gesetzt, vor allem für Frauen aus der Mittel- und Oberschicht. Es ist heute sehr schwierig, sich eine Idee davon zu machen, wie strikt in der städtischen Mittel- und Oberschicht der Lebensbereich der Männer **lokal** von demjenigen der Frauen getrennt war aus Gründen der *Schicklichkeit*, wie es damals hiess. Diese strikte Trennung der Lebensbereiche erschwerte über Jahre die Öffnung der Lesesäle der Lesegesellschaft für Frauen. Eine gleichzeitige gemeinsame Benutzung der Räume wurde lange von vornherein ausgeschlossen. Die männlichen Mitglieder mussten also ihre Benutzungsrechte teilweise einschränken, um den Abonnentinnen den Zugang zu den Lesesälen zu ermöglichen. Daraus wird deutlich, dass die räumliche Trennung der Geschlechter zum letzten von einer Mehrheit der Männer akzeptierten Argument wurde, um die Benachteiligung der Frauen in der Lesegesellschaft zu rechtfertigen, oder wie ein Kommissionsmitglied sich ausdrückte: *Er hält die Neuerung auch nicht für zweckmässig, da die Zulassung der Damen zu den Sälen den Herren zuwider ist.*

Als die Diskussion begann, stand die Bibliothek Frauen einen halben Tag in der Woche zur Benützung offen. Von der Konsultation der Zeitschriften und Zeitungen waren sie gänzlich ausgeschlossen, da sie keinen Zutritt zu den Lesesälen hatten. Der Beitrag der weiblichen Abonnentinnen war deshalb im Vergleich zu den Leistungen unverhältnismässig hoch. Frauen hatten kein Stimmrecht in der Lesegesellschaft. Sie mussten also Männer gewinnen, die ihnen ihre Stimme liehen, um ihre Rechte in der Kommission zu verteidigen. Seit 1890 bemühten sich einzelne Kommissionsmitglieder um die Verbesserung der Benutzungsbedingungen für Frauen, vor allem um die Öffnung der Lesesäle: *Der von ihnen (den Frauen, sj) bezahlte Beitrag berechtige sie mehr Rechte zu beanspruchen.* Dieser Satz leitete am 4. November 1891 die entscheidende

Grundsatzdiskussion ein. Sehr knapp wurde mit 5 gegen 4 Stimmen *im Prinzip beschlossen, die Zeitschriften und illustrierten Zeitungen den Damen zugänglich zu machen.* Die bewegte Beratung über den Benutzungsmodus endete mit dem folgenden Beschluss: *Es soll bei einer demnächst einzuberufenden allgemeinen Versammlung den Mitgliedern der Antrag auf eine Statutenänderung betreffend Erweiterung der Rechte der Damen (Paragraph 4 und 5) gestellt werden in dem Sinn, dass den Damen ein Saal im II. Stock neben der Bibliothek jeweilen Donnerstag von 1–4 Uhr geöffnet werde und dass dort die vom literarischen Ausschuss bezeichneten Zeitschriften und Zeitungen (medizinische und theologische Zeitschriften wurden von vornherein ausgeschlossen, sj) aufgelegt werden. Während dieser Zeit hätten die Herren auf die betreffenden Zeitungen etc zu verzichten.* Im Laufe von zehn Jahren gelang es, von diesem anfänglich von der Mitgliederversammlung nur probeweise gestatteten Vorschlag über verschiedene Zwischenstufen 1901 die vollständige Gleichstellung der weiblichen und männlichen Mitglieder zu erreichen mit der gleichzeitigen Benützung der Lesesäle. Im Jahresbericht von 1901 wird dazu bemerkt: *Nicht uninteressant ist es, dass der Beschluss einstimmig und ohne Opposition gefasst wurde: ein Beweis, dass sich in den letzten Jahren bei der (zeitlich eingeschränkten, sj) gemeinsamen gleichzeitigen Benützung der Lokale durch Herren und Damen keine der anfänglich von manchen Seiten so sehr gefürchteten Unzukömmlichkeiten gezeigt haben.*

Quellen:

«Basler Nachrichten» vom 12. Juni 1897 und vom 13. Dezember 1907
Bundesgerichtsentscheide 13, 4 (zitiert nach Münch, *Basler Privatrecht*, S. 53, Anm. 5)
Lesegesellschaft, Staatsarchiv Basel, Privatarchiv 497, Jahresberichte
«National-Zeitung» vom 12. Juni 1897
Protokolle des Comité der Basler Mission, 1889: Paragraph 168, Archiv der Basler Mission
Protokolle des Grossen Rates, Basler Staatsarchiv, Protokolle Grosser Rat 43, Sitzung vom 26. November 1896, vom 3. Dezember 1896, vom 10. Juni 1897
Protokolle der Kommission der Lesegesellschaft 1890–1901 passim, Verwaltung der Lesegesellschaft
Schweizerischer Lehrerinnenverein, Sektion Basel-Stadt, Staatsarchiv Basel, Privatarchiv 755, Protokolle
‹Zellweger-Steiger Lily›, *Wer trägt die Schuld* in: «Basler Nachrichten» vom 23. November 1907, 1. Beilage zu Nr. 319

Literatur:

Bühler Theodor, *Andreas Heusler und die Revision der Basler Stadtgerichtsordnung 1850–1870*, Basel, 1963 (Basler Studien zur Rechtsgeschichte, Band 69)
Dietrich Beatrice, *Sauber, Sparsam, Ordentlich. Die Entstehung und Entwicklung des hauswirtschaftlichen Unterrichtes in Baselstadt und Baselland bis 1918*, Basel, 1988 (Lizentiatsarbeit)
D'Studäntin kunnt. 100 Jahre Frauen an der Uni Basel, Katalog zur gleichnamigen Ausstellung, Basel, Historisches Seminar, ‹1990›

Fetz Anita, *Zwischen Emanzipation und Herrschaftssicherung. Zur bürgerlichen Frauenbewegung der Jahrhundertwende in der deutschsprachigen Schweiz*, Basel, 1983 (Lizentiatsarbeit)

eaedem, *Ein Schritt in die Öffentlichkeit. Sozialarbeit der bürgerlichen Frauenbewegung der deutschsprachigen Schweiz um die Jahrhundertwende*, in: *Frauen*, S. 398–409

Flueler Elisabeth, *Die Geschichte der Mädchenbildung in der Stadt Basel*, Basel, 1984 (162. Neujahrsblatt)

eadem, *Die ersten Studentinnen an der Universität Basel*, in: Basler Zeitschrift für Geschichte und Altertumskunde, 90/1990, S. 155–192

Frauen. Zur Geschichte weiblicher Arbeits- und Lebensbedingungen in der Schweiz, Hg. Wecker Regina/Schnegg Brigitte, Sonderausgabe der Schweizerischen Zeitschrift für Geschichte, Basel, 1984 (Bd. 34, 1984, Nr. 3)

Frauen und Öffentlichkeit. Beiträge der 6. Schweizerischen Historikerinnentagung, Hg. Othenin-Girard Mireille et al., Zürich, 1991

Gugerli-Jannach Louise, *Die Anfänge des Frauenstudiums in Basel 1890–1914 (1937)*, Basel, 1983 (Lizentiatsarbeit)

Janner Sara, *«Wenn man den Frauen das reden verbietet, zwingt man sie dazu, das Frauenstimmrecht zu verlangen». Basler Bürgersfrauen zwischen Familie, Öffentlichkeit und Politik. Die Gründung und Entwicklung des Basler Frauenvereins zur Hebung der Sittlichkeit bis zum Ersten Weltkrieg (1892–1914)*, Basel, 1992 (Lizentiatsarbeit)

Joris Elisabeth/Witzig Heidi, *Konstituierung einer spezifischen Frauen-Öffentlichkeit zwischen Familie und Männer-Öffentlichkeit im 19. und beginnenden 20. Jahrhundert*, in: *Frauen und Öffentlichkeit*, S. 143–160

eaedem, *Die Pflege des Beziehungsnetzes als frauenspezifische Form von 'Sociabilité'*, in: *Gesellschaft, Sozietäten und Vereine*, S. 139–158

eaedem, *Brave Frauen, aufmüpfige Weiber. Wie sich die Industrialisierung auf Alltag und Lebenszusammenhänge von Frauen auswirkte (1820–1940)*, Zürich, 1992

Mesmer Beatrix, *Ausgeklammert-eingeklammert. Frauen und Frauenorganisationen in der Schweiz des 19. Jahrhunderts*, Basel, 1988

Münch Peter, *Aus der Geschichte des Basler Privatrechtes im 19. Jahrhundert. Traditionsbewusstsein und Fortschrittsdenken im Widerstreit*, Basel und Frankfurt am Main, 1991 (Basler Studien zur Rechtswissenschaft, Reihe A: Privatrecht, Band 22)

Quergängerin I: Frauenarbeit, Hg. Historischer Frauen-Stadtrundgang Basel, Basel, 1991

Quergängerin II: WeiberMachtGeschichteN, Hg. Historischer Frauen-Stadtrundgang Basel, Basel, 1993

Ranft Albert, *Die Vormundschaft des Basler Stadtrechts von 1690 bis 1880*, Diss. Basel, 1926

Roth Dorothea, *Die Politik der Liberal-Konservativen in Basel 1875–1914*, Basel, 1988 (167. Neujahrsblatt)

eadem, *Das Bild der Frau in der Basler Leichenrede 1790–1914. Erscheinungsformen des bürgerlichen Patriarchats im 19. Jahrhundert*, in: Basler Zeitschrift für Geschichte und Altertumskunde, 93/1993, S. 5–77

Sarasin Philipp, *Stadt der Bürger. Struktureller Wandel und bürgerliche Lebenswelt. Basel 1870-1900*, Basel und Frankfurt am Main, 1990

Schmid Anna-Katharina, *Die verwaltete Armut. Die Allgemeine Armenpflege in Basel 1898 bis 1911*, Basel, 1984 (Lizentiatsarbeit)

eadem, *Weibliche Armut und männliche Administration: Die Anfänge staatlicher Armenfürsorge in Basel um 1900*, in: *3. Schweizerische Historikerinnentagung*, S. 123–131

Schnegg Brigitte, *Gleichwertigkeit statt Gleichheit. Überlegungen zur Dominanz dualistischer Strömungen innerhalb der schweizerischen Frauenbewegung*, in: *3. Schweizerische Historikerinnentagung*, S. 19–21

Schnegg Brigitte/Stalder Anne-Marie, *Überlegungen zu Theorie und Praxis der schweizerischen Frauenbewegung um die Jahrhundertwende*, in: *Die ungeschriebene Geschichte*, S. 37–46

Stehlin Karl, *Die Vormundschaft des Basler Stadtrechts im 15. Jahrhundert*, in: Zeitschrift für Scheizerisches Recht, neue Folge, Band 6 (1887), S. 255ff.

Wecker Regina, *Frauenlohnarbeit – Statistik und Wirklichkeit in der Schweiz an der Wende zum 20. Jahrhundert*, in: Wecker Regina/Schnegg Brigitte (Hg.) *Frauen. Zur Geschichte weiblicher Arbeits- und Lebensbedingungen in der Schweiz*, Sonderausgabe der Schweizerischen Zeitschrift für Geschichte, Basel, 1984, S. 346–356

III. Frauenvereine in Basel im 19. Jahrhundert

1. Quellenlage

1854 wurde dem *Adressbuch der Stadt Basel* zum ersten Mal ein Verzeichnis der *Vereine, Anstalten und Sammlungen* beigegeben. Eine zweite aktualisierte Ausgabe erschien im *Adressbuch* 1862. Erst seit 1874 findet sich das Vereinsverzeichnis jedoch bis zum Ersten Weltkrieg in ununterbrochener Folge in jeder Ausgabe des *Adressbuches*, jeweils in der zweiten Abteilung. Die Basler Vereine werden in diesem Zeitraum nach praktisch gleichbleibenden Kriterien in verschiedenen Gruppen geordnet aufgelistet. Ausser dem Namen des Vereines sind normalerweise Gründungsdatum, Name und Adresse des Präsidenten und des Kassiers, Vereinslokal sowie Zeit und Rhythmus der Treffen aufgeführt. Wenn die Tätigkeit des Vereins nicht kurz beschrieben wird, geht sie aus der vom Bearbeiter gewählten Gruppenzuteilung hervor. Die Kontinuität der Erfassung, die Sorgfalt, mit welcher die Angaben der registrierten Vereine regelmässig überprüft wurden sowie die Angaben der Bearbeiter zu den Kriterien und den Problemen bei der Erfassung machen den historischen Wert des *Adressbuches* aus. Für den Zeitraum von 1874 bis 1918 gibt das Vereinsverzeichnis des *Adressbuches* deshalb einen guten Überblick über die grundlegenden Entwicklungstendenzen der Basler Vereinsgeschichte.

Neben dem *Adressbuch* stehen zwei zeitgenössische Publikationen zur Verfügung, welche das Vereinswesen in den Jahren 1858 und 1881 im Überblick darstellen. 1858 wandte sich das eidgenössische Departement des Innern *an sämmtliche Cantone, um Verzeichnisse aller* **bestehenden freiwilligen Vereine** *zu erhalten* in der Absicht, *eine Vereinsstatistik der Schweiz auszuarbeiten, um dadurch eine Übersicht zu bieten über all die verschiedenen Kräfte, welche sich verbanden, um gemeinsam auf diese oder jene Weise den Zweck und die Aufgabe des Staates fördern zu helfen.* Die Ergebnisse der Erhebungen in Basel wurden 1859 unter dem Titel: *Die freiwilligen Vereine des Kantons Basel Stadt* veröffentlicht. Die Broschüre hat beschreibenden Charakter, statistische Angaben fehlen. Hingegen enthält der Text interessante Angaben zu Geschichte und Tätigkeit der erfassten Vereine und ergänzt so die knappen Angaben im *Adressbuch* von 1854. Die im Kreisschreiben des Departements des Innern vorgeschlagene Einteilung der Vereine in zehn Gruppen wird in der Broschüre weitgehend übernommen und nur unwesentlich den Basler Verhältnissen angepasst. In dieser Form wurde sie wahrscheinlich in den folgenden Jahren zur Grundlage für die Anordnung des Vereinsverzeichnisses im *Adressbuch*. Die zweite Studie, mit dem Titel: *Die Vereine und Stiftungen des Kantons Baselstadt im Jahre 1881*, welche von der statistisch-volkswirtschaftlichen

Gesellschaft Basel veranlasst wurde, erschien 1883 und enthält neben einem beschreibenden Teil auch umfangreiche statistische Angaben zu Vermögen, Organisation und Mitgliederstand der erfassten Vereine. Ähnliche Arbeiten, welche einen allgemeinen Überblick über die Situation um die Jahrhundertwende oder vor dem Ersten Weltkrieg bieten würden, fehlen. Allerdings ergänzen der 1905 von der Missionsbuchhandlung herausgegebene *Führer durch Kirchen, Schulen und Liebeswerke der Stadt Basel* und der 1914 erschienene *Führer durch Basels Wohlfahrtseinrichtungen* der Zentralkommission für Armenpflege und soziale Fürsorge die Angaben aus dem *Adressbuch* in diesem für die Geschichte der Frauenvereine zentralen Bereich.

Das *Adressbuch* und die genannten Publikationen erlauben einen zuverlässigen Einblick in die Entwicklung der Basler Vereine für die Jahre zwischen 1874 und 1918. Die ersten beiden Ausgaben des *Adressbuches* erschliessen zudem zusammen mit der Beschreibung der *freiwilligen Vereine des Kantons Basel Stadt* von 1858 punktuell die Situation in den späten fünfziger Jahren des letzten Jahrhunderts. Die Vereinsgeschichte in der ersten Hälfte des 19. Jahrhunderts kann auf diesem Wege hingegen nicht erfasst werden. Für diesen Zeitraum müssen Akten aus den Beständen der reformierten Kirche, aus Vereins- und Familienarchiven sowie der Verwaltungsorgane von Stadt und Kanton herangezogen werden. Unter den Vereinsarchiven ist an erster Stelle das Archiv der Gesellschaft für das Gute und Gemeinnützige zu nennen, da sie ihrer Funktion nach als der Dachverband der ihren Tätigkeitsbereich berührenden Basler Vereine bezeichnet werden muss: Vertreter zahlreicher Vereine hatten in ihren Kommissionen Einsitz, viele Vereine erhielten regelmässige Subventionen, womit die Verpflichtung verbunden war, der Gesellschaft Bericht über ihre Tätigkeit zu erstatten.

Lässt sich aus den genannten gedruckten Quellen und dem Aktenmaterial ein einigermassen zuverlässiges Bild des Basler Vereinslebens im 19. Jahrhundert gewinnen, stellt sich nun die Frage, inwiefern dieses Material Aufschluss gibt über die Geschichte der Frauenvereine. Akten zur Geschichte von Frauenvereinen, welche von Frauen selbst stammen, sind sporadisch für das letzte Viertel des 19. Jahrhunderts erhalten, so zum Beispiel das älteste bekannte Protokollbuch des Frauenvereins der Kirchgemeinde von Kleinhüningen, welches im Jahre 1878 einsetzt, oder die Protokolle des Arbeiterinnenvereins für die Jahre 1887 bis 1890. 1892 beginnt die bis in die Gegenwart reichende Protokollreihe des Basler Frauenvereines am Heuberg (bis 1914 Basler Frauenverein zur Hebung der Sittlichkeit). Nur der Katholische Frauenbund und die Frauenzentrale, beide 1912 gegründet, besitzen ebenfalls eine vollständige Protokollreihe. Überlebt haben vor allem gedruckte Zeugnisse zahlreicher Frauenvereine wie Jahresberichte, die zum grössten Teil in der Drucksachensammlung des Staatsarchivs Basel zu finden sind, leider meist nur für einzelne Jahre und vorwiegend für den Zeitraum zwischen 1890 und 1918. Vereinzelte Exemplare solcher Jahresberichte oder von Frauenvereinen publizierte Broschüren finden sich auch in den Beständen der Universitätsbibliothek Basel und der Drucksachensammlung des Schweizerischen Wirtschaftsarchivs. Für viele Frauenvereine bleibt der Vermerk im *Adressbuch* aber der einzige Beleg ihrer Existenz, welchen die Frauen **willentlich** hinterlassen haben. Denn der Verdacht, dass besonders Frauen-vereine sich einer Erfassung im Adressbuch entzogen haben könnten, wird vom Bearbeiter der Statistik der *Vereine und Stiftungen des Kantons Baselstadt im Jahre 1881* ausdrücklich bestätigt: *mir selbst sind solche (Vereine, sj) bekannt, namentlich Frauen-und Jungfrauenvereine, ohne dass ich ein Recht hätte, dieselben namhaft zu machen*, und die Nummer 149 seines Verzeichnisses führt *zahlreiche sonstige (Frauen-, sj) Vereine, welche die Werke der Liebe im Verborgenen üben*, auf. Ebenso kostete es den Bearbeiter des *Adressbuches* 1874 sichtlich Mühe, die nötigen Angaben von den Vereinen zu erhalten: *Dieser Theil bot weitaus die grössten Schwierigkeiten, da absolut keine Vorarbeiten vorhanden waren und leider das Publikum dem Herrn Bearbeiter nicht in der wünschenswerthen Weise entgegenkam. Wurden doch von 300 Circularen, die mit Rückfrankatur versehen an Vorstände hiesiger Vereine versendet wurden, innerhalb 14 Tagen kaum 80 ausgefüllt, eine Mahnung hatte kaum besseren Erfolg und nur mit Mühe und grossem Zeitaufwand konnte das Material überhaupt zusammengebracht werden. Was an Vereinen fehlt, lehnte eine Aufnahme ab (Hervorhebung sj)*. Dieser letzte Satz bezieht sich zwar nicht ausdrücklich auf Frauenvereine, bestätigt aber, dass verschiedene Vereine den Eintrag ins *Adressbuch* verweigerten. Dies heisst, dass der Schritt, im *Adressbuch* den eigenen Namen zu publizieren, für die Frauenvereine einen bewussten Schritt in die Öffentlichkeit bedeutete, also ganz klar anzeigt, dass diese Frauen den Ausschluss durch die Männer von der öffentlichen Sphäre nicht mehr akzeptierten.

Zusammenfassend lässt sich sagen, dass wir für die Rekonstruktion der Geschichte der Basler Frauenvereine für das ganze 19. Jahrhundert weitgehend auf indirekte Zeugnisse angewiesen sind, welche sich meist zufällig in Akten und gedruckten Texten erhalten haben. Die ersten beiden im *Adressbuch* von 1854 und 1862 veröffentlichten Vereinsverzeichnisse und die Untersuchungen von 1858 und 1881 geben wichtige Hinweise, wie sich solche verstreuten indirekten Zeugnisse auffinden lassen. Zahlreiche Einträge in den beiden ersten Ausgaben des Vereinsverzeichnisses und Bemerkungen in den Untersuchungen für die Jahre 1858 und 1881 weisen darauf hin, dass sogenannte weibliche *Hilfsvereine*, die in späteren Ausgaben des *Adressbuches* nicht mehr explizit aufgeführt werden, den meisten religiösen, wohltätigen und gemeinnützigen Vereinen beigeordnet waren. Interessant ist, dass diese parallelen Frauenvereine sich sowohl in christlichen Vereinen, in jüdischen Vereinen als auch bei den Freimaurern nachweisen lassen. Die wichtigste Quelle für die Geschichte der Basler Frauenvereine vor 1874 werden so paradoxer Weise die sehr viel besser überlieferten Akten der Männervereine.

2. Die Entwicklung der Frauenvereine im 19. Jahrhundert

Die Entwicklung der Frauenvereine in Basel während des 19. Jahrhunderts lässt sich in groben Zügen an der Verteilung über die einzelnen Jahrzehnte der im *Adressbuch der Stadt Basel* vermerkten Gründungsdaten ablesen, auch wenn das im Adressbuch eingetragene Gründungsdatum bei einer bestimmten Kategorie von Frauenvereinen, den Frauenvereinen der vier reformierten Kirchgemeinden, den ältesten katholischen Frauenvereinen und dem Wohltätigkeitsverein der Frauen der Israelitischen Gemeinde, nicht mit der eigentlichen Entstehungszeit übereinstimmt. Die im *Adressbuch* verzeichneten Gründungsdaten zeigen in diesen Fällen die Institutionalisierung dieser Vereine an, nicht deren eigentliche Entstehungszeit. Deutlich lassen sich zwei unterschiedliche Wachstumsphasen der Basler Frauenvereine erkennen. Die ersten Gründungen fallen in die zwanziger und dreissiger Jahre, ohne dass sich mit Sicherheit feststellen lässt, wie viele Frauenvereine in dieser Zeit wirklich entstehen. Zwischen 1840 und 1880 erhöht sich die Gründungsrate sehr auffällig mit einer deutlich ansteigenden Frequenz in den siebziger Jahren. Es handelt sich praktisch immer um Neugründungen; Abspaltungen oder Zweiggründungen fehlen. Diese stark expansive Phase bricht 1880 abrupt ab. Die Zahl der Vereine verringert sich zwar nicht, aber es kommt bis 1890 zu keinen weiteren Vereinsgründungen mehr. Nur die Frauenvereine der vier Kirchgemeinden spalten sich 1883 in eine positive und eine liberale Richtung. Zwischen 1891 und 1910 setzt eine zweite Wachstumsphase ein. Sie hört 1911 ähnlich abrupt auf, wie dies bereits 1880 zu beobachten ist, wahrscheinlich im Zusammenhang mit der Einführung des eidgenössischen Zivilgesetzbuches. Neugründungen häufen sich in dieser Phase auffällig in den Jahren 1903 und 1905, also vor und nach der Einführung des Proporzwahlrechtes. Überwiegen zwischen 1840 und 1880 die Neugründungen, so erhöht sich die Zahl der Frauenvereine und von Frauen geleiteten Einrichtungen in der zweiten Phase vor allem durch die Bildung von Zweigvereinen bei schon bestehenden oder in diesem Zeitraum gegründeten Vereinen: dies ist besonders bei den vier Frauenvereinen der Kirchgemeinden, dem Basler Frauenverein zur Hebung der Sittlichkeit und den Freundinnen junger Mädchen zu beobachten. Hinter Neugründungen wie dem Katholischen Frauenbund steht eine andere, für die zweite Entwicklungsphase typische Tendenz: die Gründung von übergeordneten Vereinen, welche bereits bestehende Vereine zusammenfassen und die Zusammenarbeit unter den Mitgliedervereinen besser koordinieren. Seit 1902 lässt sich, parallel zu diesen Bemühungen um Koordination unter den Frauenvereinen, welche in der Fürsorge und in der Armenpflege tätig sind, eine zunehmende Tendenz zur Zersplitterung bei den religiösen und wohltätigen Vereinen wahrnehmen. Der unterschiedliche Charakter der beiden Wachstumsphasen wird bestätigt, wenn wir die Streichungen aus dem Vereinsregister untersuchen. Das Verschwinden von Frauenvereinen begleitet beide Wachstumsphasen. Streichungen fehlen hingegen weitgehend zwischen 1880 und 1890 und nach 1911. Die Gründe für die Streichung aus dem Vereinsregister scheinen aber in den beiden Phasen verschieden zu sein. In der ersten Wachstumsphase finden wir zahlreiche Einträge von Frauenvereinen, welche nur einmal in einem Verzeichnis des *Adressbuches* aufgeführt werden. Meist handelt es sich um Kleinkinderschulen, die offenbar sehr kurzlebig waren oder oft das Lokal wechseln mussten. Die Streichungen um die Jahrhundertwende gehen mehrheitlich auf die Verstaatlichung von Kleinkinderschulen zurück. Zwischen 1906 und 1916 verschwinden zahlreiche Vereine, weil sie mit anderen fusionieren. In dieser Zeit lösen sich auch einige alte, in der ersten Hälfte des 19. Jahrhunderts gegründete Vereine auf.

Aus dem Vergleich der beiden Wachstumsphasen gewinnt man den Eindruck, dass die Frauenvereine ihre Blütezeit zahlenmässig in den siebziger Jahren hatten. Es gelingt ihnen, diesen Stand in den achtziger Jahren zu stabilisieren und bis zum Ersten Weltkrieg weitgehend zu erhalten. Soweit sich das aus den bekannten Zahlen feststellen lässt, bewegt sich der Anteil der Frauenvereine an der Gesamtzahl der Basler Vereine in den Jahren von 1880 bis 1918 konstant zwischen 5 bis 7 Prozent. Die zweite Wachstumsphase um die Jahrhundertwende bis 1910 erhöht eher den Organisationsstand als die Zahl der Frauenvereine. Dieser Eindruck wird noch verstärkt, wenn wir die Zusammensetzung der Vereinsleitungen zwischen 1890 und 1918 in die Betrachtung miteinbeziehen. Die Doppel- und Mehrfachmitgliedschaften überwiegen. Die Vereine expandieren in der zweiten Wachstumsphase, ohne dass es ihnen gelingt, die Zahl der Aktivmitglieder im gleichen Masse zu erhöhen.

Die Gebiete, auf welche sich die Tätigkeit von Frauenvereinen erstreckt, und die Entwicklung der einzelnen Tätigkeitsbereiche im 19. Jahrhundert ergibt sich aus der Analyse der Verteilung der Vereine auf die verschiedenen Kategorien im *Adressbuch*. Die Abspaltungen und Zweigvereine nicht mitgerechnet, zähle ich zwischen 1854 und 1918 rund achtzig Frauenvereine. Drei Viertel aller Basler Frauenvereine sind in der Armenpflege und der Fürsorge tätig: Zwei Drittel dieser Vereine figurieren unter den *gemeinnützigen* Vereinen, ein Drittel ist der *Wohltätigkeit* verpflichtet. Diese Vereine beherrschen die erste Wachstumsphase. Daneben finden sich in der ersten Wachstumsphase nur ganz wenige *religiöse* Frauenvereine, die entweder zur Basler Mission gehören oder zum Kirchlichen Hilfsverein, welcher die protestantischen Minderheiten in katholischen Ländern unterstützt. Die Tätigkeit dieser als *religiös* bezeichneten Frauenvereine ist aber weitgehend dieselbe wie diejenige der Armen- und Fürsorgevereine: sie sammeln Geld und nähen und stricken, nur die Betreuung entfällt. Diesen Zusammenhang bestätigt in umgekehrter Richtung der Wechsel vom *wohltätigen* zum *religiösen* Verein, welcher der katholische Mütterverein 1880 nach der Schliessung der katholischen Schule vollzieht. Die Begriffe *Wohltätigkeit* und *Gemeinnützigkeit* scheinen in bezug auf Frauenvereine zwei unterschiedlich grosse weibliche Kompetenzbereiche zu bezeichnen. Alle an irgendeine religiöse Gemeinschaft gebundenen Frauenvereine bezeichnen sich während des ganzen 19. Jahrhunderts als *wohltätig*: dies gilt für die Vereine der vier Kirchgemeinden, die katholischen Pfarreivereine, den christkatholischen Frauenverein, den Frauenverein der Methodistenkirche und den Frauenverein der Israelitischen Gemeinde. Der Wechsel vom *wohltätigen* zum *gemeinnützigen* Verein zeigt demnach eine Erweiterung des weiblichen Handlungsspielraumes an: von der einzelnen Kirchgemeinde auf die gesamte städtische Gemeinschaft bei den protestantischen Vereinen, von der einzelnen katholischen Pfarrei auf die gesamte katholische Gemeinde bei den katholischen Vereinen. Für die protestantischen Vereine vollzieht sich dieser Schritt bereits in den siebziger Jahren, da mehrere protestantische Vereine 1874 nicht mehr wie 1854 und

1862 in der Rubrik der *wohltätigen* Vereine erscheinen, sondern sich unter den *gemeinnützigen* Vereine eintragen lassen. Im katholischen Bereich lässt sich dieser Wechsel erst nach der Jahrhundertwende beobachten. Auffällig ist in diesem Zusammenhang das Fehlen einer Basler Sektion des Schweizerischen Gemeinnützigen Frauenvereins. Nur Einzelmitglieder lassen sich in Basel nachweisen. Dessen Rolle übernimmt in Basel der Basler Frauenverein zur Hebung der Sittlichkeit, welcher zwischen 1904 und 1918 eine dominante Stellung unter den Basler Frauenvereinen innehat.

Neben den wohltätigen und gemeinnützigen Frauenvereinen verschwinden andere Typen von Frauenvereinen in der Masse der Armen- und Fürsorgevereine. Sie machen gerade etwas mehr als ein Achtel der Frauenvereine aus. Sie verteilen sich auf die Kategorien der *wissenschaftlichen und Bildungsvereine*, der *wirtschaftlichen* Vereine, der *vaterländischen und politischen* Vereine, der *Vereine und Anstalten für Leibesübungen* und der *Musik- und Kunstvereine*. Alle diese Vereine lassen sich erst um oder nach der Jahrhundertwende nachweisen, entstehen also alle in der zweiten Wachstumsphase. Dazu kommen in dieser Zeit noch einige wenige *religiöse* Frauenvereine, welche dem protestantischen freikirchlichen Bereich zugeordnet werden können und wahrscheinlich ausschliesslich religiöse Funktionen hatten. Das Entstehen von Bildungsvereinen, Turnvereinen und Gesangsvereinen für Frauen zeigt einen Generationenwechsel in den Frauenvereinen der Mittel- und Oberschicht an, welcher sich in den neunziger Jahren vollzieht. Die meisten dieser neuen Vereine stehen in enger Beziehung zu der Töchterschule. Während die Frauen der älteren Generation weiter in den *gemeinnützigen* Vereinen organisiert bleiben, sich aber eine straffere Organisation geben und ihre Tätigkeit professionalisieren, beginnen deren Töchter, welche die höheren Abteilungen der Töchterschule absolviert oder studiert haben, Vereine zu gründen, um ihre berufliche Weiterbildung zu fördern und ihre Interessen zu vertreten. Für Mütter und Töchter scheint in diesem Prozess gleichermassen der 1896 in Genf während der Landesausstellung veranstaltete Schweizerische Kongress für die Interessen der Frau eine wesentliche Rolle gespielt zu haben. Unter den Rednern und Rednerinnen in Genf befindet sich neben dem Rektor der Basler Töchterschule die Präsidentin des Lehrerinnenvereins, Maria Gundrum. Beide Entwicklungstendenzen münden schliesslich 1912 in die Gründung der Frauenzentrale und 1916 in die Gründung des Vereins für Frauenstimmrecht.

Ganz unabhängig von der Entwicklung der Frauenvereine der Mittel- und Oberschicht verläuft von Anfang an die Entwicklung der Arbeiterinnenvereine. Sie scheint direkt von den durch die Industrialisierung geschaffenen neuen Arbeitsbedingungen und den politischen Entwicklungen in der Arbeiterbewegung abzuhängen. Der 1887 gegründete Arbeiterinnenverein lässt sich als erster Frauenverein in der Kategorie der *wirtschaftlichen* Vereine eintragen und erscheint zugleich bereits 1888 unter den *vaterländischen und politischen* Vereinen als Mitglied des Basler Arbeiterbundes, allerdings nur bis 1890. Erst mit dem Beitritt zur Sozialdemokratischen Partei 1912 wird der Arbeiterinnenverein erneut als Sektion der Sozialdemokratischen Partei unter den *politischen* Vereinen aufgeführt. Die Arbeiterinnenvereine setzten sich seit ihrer Gründung offen für das Frauenstimmrecht ein, verstanden sich aber in erster Linie als Vertretung der wirtschaftlichen Interessen ihrer Mitglieder.

3. Der Ursprung der ältesten Basler Frauenvereine

Das älteste Vereinsverzeichnis des *Adressbuches der Stadt Basel* stammt aus dem Jahre 1854. Es nennt sechs Frauenvereine. Es ist sicher nicht vollständig, da es von den Frauenvereinen der vier reformierten Kirchgemeinden nur gerade den Frauenverein der Münstergemeinde aufführt. Das doppelte Gründungsdatum 1824/1867 des Frauenvereins für weibliche Gefangene, welches im *Adressbuch* von 1874 verzeichnet wird, weist darauf hin, dass um 1854 wahrscheinlich zahlreiche in den ersten beiden Jahrzehnten gegründete Frauenvereine um die Jahrhundertmitte bereits wieder verschwunden waren. Diese Vermutung wird durch die *Geschichte der Gesellschaft für das Gute und Gemeinnützige während den ersten fünfzig Jahren* von 1827 bestätigt.

1816 schlugen zwei anonyme Eingaben an die Gesellschaft vor, den Armenpflegern der Krankenkommission und der Armenanstalt im Klingental einen Frauenverein *helfend beizuordnen*. Die Gesellschaft publizierte eine der Eingaben im Jahresbericht von 1816 und *bot sich einfacherweise an, einem etwa zusammentretenden weiblichen Vereine mit Rath und Anweisung eines Geschäftskreises an die Hand zu gehn*. Dieser Aufruf hatte aber keinen Erfolg. Der Autor der Jubiläumsschrift stellt ausdrücklich fest, dass die zwischen 1816 und 1826 entstehenden Frauenvereine unabhängig von den Bemühungen der Gesellschaft entstanden. Wichtig für die Geschichte der ältesten Basler Frauenvereine ist die darauf folgende Aufzählung der dem Schreiber 1827 bekannten Vereine: *Denn nicht nur fällt, wo ich mich nicht irre, in diese Zeit (1816, sj), eine Frauengesellschaft, die für Austheilung von Arbeit während der Theurungsjahre zusammentrat; sondern bald nachher entstanden in zweien der Pfarrgemeinden der Stadt Frauenvereine für Armenunterstützung; ein besonderer Verein bildete sich (1821) zur Beaufsichtigung der oben erwähnten (ab 1778 von der Gesellschaft für das Gute und Gemeinnützige gegründeten, sj) unentgeltlichen Nähschulen unserer Gesellschaft; ein anderer übernahm seither die Mitaufsicht über die landwirthschaftliche Armenschule; in den letzten Jahren verbanden sich Frauen zum Besuche der weiblichen Sträflinge: und noch einige andre Kreise haben das einmal gegebne Beispiel zu gemeinschaftlicher Ausführung temporärer oder fortdauernder milder Zwecke befolgt.* Dieser Text erlaubt nicht nur, die Entstehungszeit der Frauenvereine der reformierten Kirchgemeinden gegenüber den Angaben im *Adressbuch* zu präzisieren, noch wichtiger erscheint mir die Aussage, dass die Gründung der aufgezählten Vereine nicht von der Gesellschaft für das Gute und Gemeinnützige ausgeht. Dies macht eine andere Zuordnung möglich: der Zeitpunkt der Entstehung und die Art der Vereine lässt den Einfluss der Erweckungsbewegung erkennen.

Hatte bereits die Auswertung der im Vereinsverzeichnis des *Adressbuches* enthaltenen Informationen einen engen Zusammenhang zwischen *wohltätigen* Vereinen und den reformierten Kirchgemeinden und anderen religiösen Gemeinschaften ergeben, unterstreicht die zitierte Passage aus der *Geschichte der Gesellschaft für das Gute und Gemeinnützige während den ersten fünfzig Jahren* die Bedeutung des religiösen und kirchlichen Bereichs für die Geschichte der Frauenvereine in Basel. Dass die ersten Armenunterstützungsvereine in den reformierten Gemeinden entstehen, erstaunt nicht, da das städtische Armenwesen während des Ancien Régime der Kirche unterstand. Die Verbindung zwischen den Kirchgemeinden und der Armenpflege wurde erst durch das Armengesetz von 1897 formell aufgehoben. Die Mehrheit der Armenpfleger der Krankenkommission der Gesellschaft für das Gute und Gemeinnützige waren Pfarrer, und die Einteilung der Bezirke, welche die Kommissionsmitglieder zu besuchen hatten, entsprach den reformierten Kirchgemeinden. Andererseits bestanden auch enge Beziehungen zwischen Pfarrern der reformierten Kirche und den erweckten Kreisen in Basel, die sich in Basel nie von der Kirche trennten, sondern die Beziehungen zur reformierten Kirche aufrechterhielten und sich daneben in privaten Vereinen und Gesellschaften organisierten. Deshalb ist es möglich, sowohl das Entstehen der Frauenvereine in den Kirchgemeinden als auch die selbständigen Gründungen von Frauen ausserhalb des kirchlichen Bereiches dem Einfluss der Erweckung zuzuschreiben, die ein ausgeprägtes Interesse an der Gemeindediakonie hatte, in welche die Frauen bewusst einbezogen wurden. Ich vermute deshalb, dass die anonyme Eingabe von 1816 aus diesen Kreisen stammt.

Interessant für die Geschichte der Frauenvereine sind die Vereine von Frauen aus erweckten Kreisen deshalb, weil sie über eine in der zweiten Hälfte des 19. Jahrhunderts weitgehend unbekannte Selbständigkeit verfügten, auch dann, wenn sie als Parallelvereine in von Männern gegründeten Institutionen entstanden. Frauen waren zwar auf den durch die dualistische Geschlechtertheorie festgelegten Kompetenzbereich beschränkt, welcher aber offenbar als grundsätzlich gleichwertig angesehen und unabhängig neben den männlichen Kompetenzbereich gestellt wurde. Dazu mag die von persönlichen Glaubenserfahrungen geprägte Religiosität der erweckten Kreise viel beigetragen haben, da sie die Individualität des einzelnen betonte, und so, wenigstens im religiösen Bereich, der Unterschied der Geschlechter aufgehoben wurde. Aber auch diese Frauenvereine scheinen im Verlauf des 19. Jahrhundert zunehmend Mühe zu haben, ihre Selbständigkeit zu erhalten, geraten in finanzielle Abhängigkeit von männlichen Vereinen und werden auf diesem Wege zu *Hilfsvereinen*. Frauen waren sich dieser Gefahr für ihre Selbständigkeit durchaus bewusst, wie die Verhandlungen zeigen zwischen dem Männercomité der Evangelischen Gesellschaft für Stadtmission und einem unabhängigen Frauencomité, welches die *weibliche Diaconie* im Auftrag der Stadtmission übernehmen sollte. Der Unterhändler der Stadtmission gab zu Protokoll: *Ihre organische Stellung zu unserer Gesellschaft war ihnen (den Frauen, sj) anfänglich noch nicht ganz klar.* ***Sie befürchteten von unserer Seite unter eine gewisse Vormundschaft zu kommen und sind besorgt, ihre Selbständigkeit zu verlieren.***

Quellen:

Adressbuch der Stadt Basel, Basel, Bände 1854–1918

Burckhardt-Merian Albert, *Wegweiser für hilfesuchende Kranke und Gebrechliche in der gesamten Schweiz*, Basel, 1883

Burckhardt Karl, *Die Geschichte der Baslerischen Gesellschaft zur Beförderung des Guten und Gemeinnützigen während den ersten fünfzig Jahren ihres Bestehens*, Basel, 1827

Christ Adolf, *Die freiwilligen Vereine des Kantons Basel-Stadt für gemeinnützige, wohlthätige, wissenschaftliche, künstlerische, religiöse, vaterländische, militärische und sociale Zwecke im Jahr 1859*, Basel, 1859

Führer durch Basels Wohlfahrtseinrichtungen, Hg. von der Zentralkommission für Armenpflege und soziale Fürsorge in Basel, Basel, 1914

Führer durch Kirchen, Schulen und Liebeswerke der Stadt Basel, Basel, Missionsbuchhandlung, 1905

Protokolle des Comité der Evangelischen Gesellschaft für Stadtmission, Sitzungen vom 7. Februar und 2. Mai 1862, Staatsarchiv Basel, Privatarchiv 771, A 15

Ryff J. (von Mülinen Helene), *Bericht des Frauenkomitee Bern über seine Erhebungen der Frauenthätigkeit auf dem Gebiete der Philanthropie u.a.m.*. in: *Bericht über die Verhandlungen des Schweizerischen Kongresses für die Interessen der Frau abgehalten in Genf, im September 1896*, redigiert vom Sekretariat der Kommission für die Förderung der Interessen der Frau, Bern, 1897, S. 1–25

Thun Alphons, *Die Vereine und Stiftungen des Kantons Baselstadt im Jahre 1881*, Basel, 1883

Wild A., *Veranstaltungen und Vereine für soziale Fürsorge in der Schweiz*, Zürich, 1910

IV. Einblicke in Frauenleben des 19. Jahrhunderts

Die Geschichte der Frauenvereine beginnt in dem den Frauen zugeschriebenen Kompetenzbereich: im Haus. Eine besondere Rolle spielt dabei einerseits das Haus der Frau des protestantischen Pfarrers, welcher neben seinen seelsorgerischen und kirchlichen Funktionen lange auch das Schulwesen und die Armenpflege in seiner Gemeinde unter sich hatte, andererseits das Haus des wohlhabenden Unternehmers, dessen Gattin als Stifterin wohltätiger Einrichtungen den eigenen sozialen Status nach aussen darstellte. Als *Pfarrfrau* oder *Wohltäterin* wurde die verheiratete Frau ihrer Rolle als *Stütze* des Ehemannes gerecht. Individuelle Ausweitung dieses Kompetenzbereiches oder einmalige Kompetenzüberschreitungen, wie sie sich in den Dreissiger Wirren **Esther Emilie Sarasin-Forcart** in Tenniken erlaubte, sind die ersten Anzeichen dafür, dass die Frauen der Ober- und Mittelschicht die ihnen von den Männern gesteckten Grenzen zu hinterfragen beginnen. Indem die Frauen systematisch die traditionell in allen religiösen Gemeinschaften Basels ihnen überbundene Kranken- und Armenpflege organisieren, entstehen die verschiedenen Gemeindevereine, welche in den achtziger Jahren einen erstaunlichen Organisationsgrad erreichen, wie das Beispiel des **Frauenvereins der Israelitischen Gemeinde** deutlich zeigt.

Die eingeschränkte Bewegungsfreiheit bürgerlicher Frauen der Mittel- und Oberschicht, die Familienpflichten und der ständig zunehmende Umfang der Fürsorgearbeit macht es bald nötig, sogenannte *Berufsarbeiterinnen* anzustellen, welche die eigentliche Fürsorgearbeit gegen Lohn leisten. Bieten diese Stellen Frauen aus der Unterschicht eine gewisse ökonomische Sicherheit und manchmal auch die Möglichkeit eines sozialen Aufstieges, so bedeutet die daraus entstehende finanzielle Belastung für die leitenden *Comitédamen* meist den Verlust der eigenen Unabhängigkeit, da nur Männer rechtlich über die dafür nötigen Mittel verfügen. Diese Entwicklung veranschaulichen das Leben und die wechselnden Anstellungsverhältnisse von **Elise Heiniger**.

Ganz andere Wurzeln haben hingegen die **Arbeiterinnenvereine**. Sie entstehen, weil die Frauen der Unterschicht durch die Industrialisierung dem Erwerb zunehmend ausser Haus nachgehen müssen, ökonomische Zwänge sie also aus dem traditionellen Kompetenzbereich in die Fabrikhallen treiben. Die leitenden Frauen treten von Anfang an offen für das Frauenstimmrecht ein. Die Doppelbelastung von Haushalt und Erwerbstätigkeit, die niedrigen Löhne und das mangelnde Verständnis von Seiten der Männer schränkt die Entwicklungsmöglichkeiten dieser Vereine allerdings sehr ein.

Erst in den neunziger Jahren bilden sich in Basel diejenigen Frauenvereine, welche in verdeckter Form auch Frauen aus der Mittel- und Oberschicht politische Handlungsspielräume eröffnen, indem sie den traditionellen Kompetenzbereich der Fürsorge weiter ausbauen und so **aktiv** die von den Männern betriebene konservative Sozialpolitik unterstützen. In Basel liegt der Ursprung zu dieser Entwicklung in der *Sittlichkeitsbewegung*. Sie setzt sich mit der sexuellen Ausbeutung der Frauen auseinander, einem für bürgerliche Frauen stark tabuisierten Thema. **Lily Zellweger-Steiger**, welche 1901 den Basler Frauenverein zur Hebung der Sittlichkeit gründet, der sich auf die Frauenfürsorge konzentriert und innerhalb weniger Jahre zur grössten und mächtigsten Basler Frauenorganisation wird, hat sich ein Leben lang für dieses Anliegen eingesetzt. Die Umstände, unter welchen **Anna Herzog-Widmer** das Pflegekinderwesen leitet, zeigen beide Seiten dieser verdeckten Frauenpolitik: die weitgehenden Kompetenzen, welche diesen Frauenvereinen von staatlichen Stellen zugestanden werden, aber auch die grosse Abhängigkeit von der politischen Unterstützung der Männer, da der Tätigkeit des Pflegekinderwesens die rechtliche Grundlage weitgehend fehlt. Die Gründung des Basler Katholischen Frauenbundes durch **Emilie Gutzwiller-Meyer** erfolgt hingegen in einem Moment, als das Scheitern dieser Politik der bürgerlichen Frauen bereits feststeht und sie sich entscheiden müssen, ob sie offen das Frauenstimmrecht verlangen wollen oder nicht. Für die Katholikinnen bedeutet diese erste eigene, relativ unabhängige Frauenorganisation aber einen wesentlichen Fortschritt, auch um sich der für sie erdrückenden Übermacht des Basler Frauenvereins zur Hebung der Sittlichkeit in der Frauen- und Jugendfürsorge zu erwehren, dessen Vorbild gleichzeitig den Aufbau der eigenen Organisation prägt.

1. Die Frau des Pfarrers von Tenniken 1831: Esther Emilie Sarasin-Forcart (1807–1866)

Am Abend ihres Hochzeitstages, den 14. Dezember 1830, schrieb die damals dreiundzwanzigjährige Esther Emilie Sarasin-Forcart den ersten Brief an ihre Mutter Margaretha Forcart-Iselin. Sie hatte sich im Sommer verlobt, kurz nachdem ihr Mann zum Pfarrer von Tenniken und Zunzgen gewählt worden war. Vom Pfarrhaus Tenniken aus, ihrem neuen, nun eigenen Hausstand, schrieb sie in den Hirzen in der Aeschenvorstadt, wo sie bis auf diesen Tag mit ihrer Familie gelebt hatte. Fast täglich sandte sie Briefe an ihre Mutter und ihre Schwestern in Basel, bis sie am 10. Januar 1833 mit ihrem Mann das Pfarrhaus in Tenniken verlassen musste und in die Stadt zurückkehrte, da er den Eid auf die Verfassung des neuen Kantons Basel-Landschaft nicht leisten wollte.

Die junge Frau litt sehr an der Trennung von ihrer Familie, vor allem fehlte ihr die Mutter, zu welcher sie ein besonderes Vertrauensverhältnis hatte. Nach dem ersten Besuch ihres Vaters und ihrer Schwester Elise in Tenniken schrieb Emilie am 19. Dezember an ihre Mutter: *Ich hätte mir gewünscht, dass sie länger hätten bleiben können. Doch ich darf mich ja wieder freuen, bald deinen Besuch, geliebte Mutter, zu haben; es ist mir, ich hätte dir gar vieles zu sagen und zu fragen, denn es kommt mir täglich etwas vor, wo ich dich so gerne um Rat fragen möchte, und bin überzeugt, dass wenn du hier sein wirst, ich alles vergessen werde.* Ihr Verhältnis zur Familie des Mannes schien zwar gut, blieb im Grunde aber distanziert, wie wir der Schilderung des Verhältnisses zu ihrer Schwägerin Carolina in einem Brief vom 2. März 1831 entnehmen können: *Dass ich mit ihrem Besuch eine rechte Freude habe, kann ich wohl sagen (Ich hätte nicht geglaubt, dass sie mich so ganz nicht genieren würde, wie es doch der Fall ist). Freilich ist es für mich doch nicht das, wie wenn eine meiner Schwestern bei mir wäre, oder gar wenn die liebe Mama, aber ich weiss nicht einmal, ob es gut für mich wäre, denn es würde mir sonst zu arg sein, wenn du wieder fortgingst.* Je mehr die junge Frau in den nächsten Monaten aber in ihre neuen Rollen als Ehefrau, Hausfrau und Pfarrfrau hineinwuchs, desto mehr wurde der Dialog zwischen Mutter und Tochter zu einem auf gleicher Ebene geführten Gespräch zwischen einer erfahrenen älteren und einer jüngeren Frau. Bereits im Juni 1831 schrieb Emilie an ihre Mutter: *Er (ihr Ehemann) hat es in diesem Stück wie Papa. Was er eben gerne hätte, das sieht er im Geiste schon erfüllt, da bin ich aber ganz das Gegenteil und habe ihm gleich so viele Sachen, die diesem zu schönen Gedanken im Wege stehen, vordemonstriert, dass er zuletzt verstummen musste.* Ihrer Mutter teilte sie auch als erste im Oktober 1831 mit, schwanger zu sein: *Es kommt mir heute wie ein Traum vor, dass ich euch alle gestern gesehen habe. Es war zu herrlich - dafür ist es mir aber heute aufs katzenjammerlig, und ich komme mir zuweilen vor wie malade imaginaire, denn ich bin sehr übler Laune. Nicht wahr, liebe Mama, du sagst aber keinem Menschen etwas von meinem Nichtwohlsein, denn ich möchte nicht, dass meine Schwiegermutter durch die dritte Hand Vermutungen hören könnte, die ich ihr nicht sagen werde, bis ich darüber in Gewissheit bin.* Für die Geburt kehrte Emilie in ihr Elternhaus zurück, brachte aber nach dem Wochenbett ihrem Mann den kleinen Sohn nach Tenniken ins Pfarrhaus.

Gleich in den ersten Tagen in Tenniken übernahm Emilie durch eine bezeichnende Geste die Leitung der Haushaltung, welche bisher von der ältesten Magd Marie, der Köchin, geführt wurde: *Erst gestern (am 18. Dezember, als noch der Vater und die Schwester im Haus waren, sj) habe ich der Marie den Kellerschlüssel abgenommen, ich wusste ganz nicht recht wie ich ihr begreiflich machen sollte, dass ich jetzt gerne die Schlüssel unter meiner Aufsicht haben wollte. Es ist aber auch recht gut gegangen und sie ist gar willig.* Sie stellte auch eine zweite Magd ein und führte Lohnverhandlungen mit Marie, da sie mit den bisherigen Anstellungsbedingungen nicht einverstanden war. Die ausschliessliche Verpflichtung der Dienstboten ihrer Person gegenüber machte offenbar ein wesentliches Element ihrer Autorität als Hausfrau aus. Allerdings wurde ihre Autorität nur anerkannt, wenn sie diese auch auszuüben bereit war: *Ich werde es wohl nicht dazu bringen, das Lisbeth serviere. Denn ich hatte es gleich, wie ich wieder hieher kam, angekündigt, merkte aber wohl, dass ihr (Marie, sj) diese Änderung nicht gefalle, und nicht einmal in 2 ganzen Tagen konnte ich sie (Marie, sj) bewegen, Lisbeth den Tisch decken und auftragen zu lassen. Jetzt tut sie (Marie, sj), als wenn ich nie nichts gesagt hätte, und da sollte ich ihr eigentlich einen Zuspruch halten, was mich gewaltig kostet.*

Paternalistische Züge trugen die Beziehungen zur Dorfbevölkerung. Die einfachen Umgangsformen der Bauern amüsierten die junge Städterin: *Nachmittags machte ich mit Carolina (der Schwester des Ehemannes, sj) zwei Besuche, einen bei einem kranken Mädchen und der andere beim Gemeinderat M. (im Original vollständiger Name, sj), den Marie (die Magd, sj) wohl kennt. Ich hatte schon lange Lust, einmal in sein Haus, das ich täglich vor Augen habe, zu kommen, und benutzte die Gelegenheit eines seiner Kinder, das nicht ganz wohl war, zu besuchen. Ich war ganz entzückt, ob der Nettigkeit und besonders der Reinlichkeit, die in der Küche und Stube überhaupt herrschte. Da sie gerade Kaffe tranken, so hiessen sie mich mittrinken und es schmeckte uns gar gut. Ich musste aber fast lachen, als der Mann eine bleierne Büchse hervorholte und auf dieselbe Art wie Rudolf (Bruder von Emilie, sj) bei der Frau B. (im Original vollständiger Name, sj) bemerkt hat, uns Zucker in die Tassen warf. Während wir noch dort waren, kamen mit lautem Jubel einige Bauern ans Fenster und riefen herein: «Die Verfassung ist angenommen!»*. Einer der Gemeinderäte, welcher ihren Mann in die Stadt fuhr oder Briefe in die Stadt besorgte, schien ebenso wie ein anderer Bote von der Bandfabrik von Emilies Vater abzuhängen.

Als Emilie Sarasin-Forcart Mitte Dezember 1830 in Tenniken ankam, war die politische Lage in der Stadt und auf der Landschaft bereits sehr angespannt. Im Basler Rathaus hatten die Verhandlungen über eine neue Kantonsverfassung begonnen, welche der Landschaft eine angemessenere Vertretung im Grossen und Kleinen Rat bringen sollte. Viele Städter hatten Angst vor einem *Putsch*. Die Tore der Stadt, das Zeughaus und das Ratshaus waren deshalb mit Wachposten besetzt worden. In Tenniken und Zunzgen schien die Lage vorerst noch ruhig zu sein, da die stadttreuen Bauern in Zunzgen die Mehrheit hatten und in Tenniken immerhin eine starke Minderheit bildeten. Anfangs Januar nahm die Spannung in der Landschaft zu. Von befreundeten Pfarrherren erhielt sie *beunruhigende Nachrichten über die Unruhe, die überall herrsche. In Liestal sei es wieder gar unruhig und man sehe viele (rot-weisse, sj) Kokarden.* Am 6. Januar kam es in der Kirche von Liestal zur Wahl einer *provisorischen (kantonalen, sj) Regierung*, welche die städtische Regierung für abgesetzt erklärte. Nach der ersten Besetzung von Liestal durch Basler Truppen am 16. Januar 1831 und der Flucht der *Insurgenten* schien sich die Lage wieder zu beruhigen. Aber die junge Frau war sich der prekären Situation, in welcher sie und ihr Mann lebten, immer bewusst, da sie von Anfang an das Gefühl, nur auf Zeit in Tenniken bleiben zu können, bedrückte, wie sie ihrer Mutter im Februar schrieb: *Ich stehe überhaupt an gar vielem an und entbehre gar sehr deinen Rat. Denn es ist mir, ich sollte überall etwas machen lassen und weiss dann aber immer nicht* wie *und habe jetzt auch keine besondere Lust dazu, weil es mir doch immer wieder vorkommt, es könne noch dazu kommen, dass wir fort müssen.* Zwar blieb es in Tenniken und Zunzgen weiterhin ruhig, aber die Nachrichten aus der Stadt und die Erlebnisse befreundeter Pfarrherren aus anderen Baselbieter Dörfern hielten die Angst wach: Emilie war in der Küche beschäftigt, *als ein Chaislein vor unser Haus gefahren kam. Mein lieber Mann hatte just Unterricht. Ich schickte Maria, um zu sehen, was das zu bedeuten habe. Denn noch immer erschrecke ich, wenn ich unbekannte Chaislein kommen sehe. Denn die Drohung (der Insurgenten, sj), man werde die Pfarrer abholen steckt mir noch im Kopf.*

Die junge Frau wurde durch ihre Rolle als Pfarrfrau bald in die politischen Tagesereignisse mithineingezogen, an welchen ihr Mann regen Anteil nahm. Sie wusste um die umfangreiche Korrespondenz ihres Mannes mit Pfarrern in der Landschaft und mit städtischen Behörden und hatte als Gastgeberin einen genauen Überblick über seine politischen Verbindungen und die städtische Propaganda in den Dörfern: *Heute Abend werde ich den Beamten von Tenniken, die diesen Abend ins Pfarrhaus kommen werden wegen der Rechnungen, bei welcher Gelegenheit mein lieber Mann ihnen auch die Verfassung erklären wird, auftischen...Ich glaube, sie sind hier allgemein* für *die Annahme der Verfassung und werden wenigstens von allen Seiten recht bearbeitet. Denn es sagte uns erst ein Bauer, dass fast von allen Fabrikherren Leute (zu den von ihnen abhängigen Posamentern, sj) ausgeschickt wurden zu diesem Zweck...Vielleicht versammelt sich morgen die Gemeine im Pfarrhaus, da die Bauern keine grosse Stuben haben und es der Schulmeisterin wieder gar nicht gut geht, so dass sie jeder Lärm angreift. – Es wäre meinem Mann gar recht, da er gar gute Gelegenheit hätte, ihnen die Verfassung selbst vorzulesen und auszulegen.* Die gemeinsamen Hausbesuche mit ihrem Mann in der Gemeinde hatten nicht nur seelsorgerische Funktion: *So aber kommen wir von einigen Hausbesuchen, die wir nach dem Essen machten, zurück, und mein lieber Mann forschte vergebens aus Auftrag von Statthalter Verweser von Waldenburg, der ihm diesen Morgen geschrieben, nach einer neuen Schrift, die von Zürich aus unter unsere Landleute verbreitet worden sei, und natürlich, dass sie sich wohl hüten, wenn sie solche auch wirklich hätten, vor uns etwas davon merken zu lassen. Überhaupt herrscht eine fatale Idee unter ihnen, denn sie kommen immer wieder auf das zurück: wenn nur die Stadt Frieden machen wollte (wohl die Insurgenten amnestieren, sj). Auch geben ihnen die Verteidigungsanstalten gar viel zu schaffen.*

Da Basel eine Amnestie der *Insurgenten*, der Mitglieder der *provisorischen Regierung* vom Januar 1831, strikt ablehnte und im Juni sie zu mehrjährigen Haftstrafen verurteilte, wuchs die revolutionäre Unruhe in der Landschaft erneut, jetzt offenbar auch im früher eher ruhigen Tenniken. Anfang August schreibt Emilie ihrer Mutter: *Es wird jetzt wieder darauf los gelogen, dass man lieber gar nichts hören möchte. Wenn aber die Leute die Köpfe zusammen stecken, so kann man sich auch nicht enthalten zu fragen: «Was giebt's?»...Und ist bis jetzt auch noch gar nichts Beunruhigendes begegnet. Aber doch muss ich gestehen, dass immer ein grosser Druck auf mir lag.* Trotzdem bleibt das Ehepaar in Tenniken, auch nach den schweren Unruhen im August in Sissach, *da es gewiss einen üblen Eindruck (bei den stadttreuen Gemeindemitgliedern, sj) gemacht hätte, wenn wir auch fort wären, da wir weiters keine Ursache dazu hatten.* Nach der zweiten Besetzung von Liestal am 21. August durch die Basler, welche sich aber zu früh und überstürzt nach Basel zurückzogen, formierte sich in Liestal eine zweite, diesmal rein landschaftliche Regierung, die Mitte September das stadttreue Reigoldswilertal unter ihre Kontrolle brachte, bevor die von Basel zu Hilfe gerufenen eidgenössischen Truppen die landschaftlichen Mannschaften entwaffneten. In der Nacht vom 16. auf den 17. September 1831, also nach dem Reigoldswilerzug, wurde das Pfarrhaus in Tenniken wahrscheinlich von der revolutionär gesinnten Jugend gezielt beschossen. Nach dem Einmarsch der eidgenössischen Truppen in Tenniken am 18. September 1831 und wegen der starken stadttreuen Minderheit im Dorf befanden sich der Gemeindepräsident und die revolutionär gesinnten Gemeinderäte von Tenniken in einer schwierigen Lage, besonders nach der Strafpredigt von Emilies Mann, welche von zahlreichen Tennikern besucht wurde. Ich glaube nicht, dass allein die Drohung des Pfarrers, das Dorf zu verlassen, diese Männer sonst veranlasst hätte, das Ehepaar zu einer Aussprache im Pfarrhaus aufzusuchen. Da das Gespräch im Bereich des Hauses stattfand, konnte auch Emilie an der *Szene* teilnehmen. Denn galten die Kugeln ihrem Mann, so trafen sie auch ihren Hausstand. Allerdings überschritt sie bewusst die Grenzen ihres Kompetenzbereiches, als sie lautstark in die Auseinandersetzung zwischen den Männern eingriff. Die Mutter reagierte äusserst besorgt auf das ungewöhnliche und für ihr Empfinden unpassende Benehmen ihrer Tochter, welche in städtischen Verhältnissen unmöglich gewesen wäre.

Anders als ihre Mutter in der Stadt schien Emilie sich der Wirkung eines solchen Auftrittes in der dörflichen Umgebung aber durchaus bewusst zu sein und schrieb ihrer Mutter, welcher sie im vorhergehenden Brief ausführlich die Ereignisse in der Nacht vom 16. auf den 17. September geschildert hatte, am 20. September 1831 beruhigend: *Mit dem darein Donnern (von Emilie bei der Aussprache, sj) war es denn so gefährlich auch nicht. Denn der Mann sah wohl, dass es nicht Zorn war, da ich sehr bewegt war, und es muss auch keinen üblen Eindruck gemacht haben, nachdem zu schliessen, wie sie sich seitdem benehmen.* Das energische Eingreifen der jungen Pfarrfrau schob die Rückkehr nach Basel aber nur hinaus. Da Emilies Mann die Regierung des Halbkantons Basel-Landschaft nicht als Oberbehörde der neuen basellandschaftlichen Kirche anerkennen wollte, verliess das Ehepaar am 10. Januar 1833 die Gemeinde von Tenniken. Bei der Abdankungsfeier für seine Frau dreissig Jahre später erinnerte sich ihr Mann mit folgenden Worten dieser Ereignisse und ihrer *tätigen* Mitarbeit bei der Herausgabe des *Christlichen Volksboten*, welche unmittelbar nach der Rückkehr nach Basel 1833 einsetzte: *An allem, was der Mann arbeitete, nahm die Frau süssen, innigen Antheil, und wie die That anspruchsloser, helfender Liebe ihrer Seele stets eine Lust war, so hat sie auch hier dem Gatten geholfen, wo sie konnte.*

Quellen:

Briefe von Esther Emilie Sarasin-Forcart an Margaretha Forcart-Iselin, Schweizerisches Wirtschaftsarchiv, Handschriften 268 *(Schreibung und Interpunktion der Zitate im Text von sj normalisiert)*
Leichenreden, Staatsarchiv Basel, LB 14,9
Schulthess Paul H., *Die affilierten Geschlechter der Familie Sarasin*, Band V: *VII. Generation*, Basel, 1972 (Manuskript)

Literatur:

Simon Christian, *Untertanenverhalten und obrigkeitliche Moralpolitik. Studien zum Verhältnis zwischen Stadt und Land im ausgehenden 19. Jahrhundert am Beispiel Basels*, Basel, 1981 (Basler Beiträge zur Geschichtswissenschaft, Band 145)

2. Der Frauenverein der Israelitischen Gemeinde Basel

Die dritte jüdische Gemeinde in Basel entstand wahrscheinlich während den kurzen Jahren der Helvetik, als die in umliegenden Dörfern im Elsass wohnhaften Juden als französische Staatsangehörige die volle Niederlassungsfreiheit in der Schweiz erhielten und auch das Recht, Liegenschaften zu erwerben. Nachweisbar ist die Gemeinde seit 1805. Der Wohltätigkeitsverein der Frauen der Israelitischen Gemeinde entstand gleichzeitig mit der dritten Gemeinde und ist damit einer der ältesten Frauenvereine Basels. Er bestand also lange vor seinem offiziellen Gründungsdatum 1834. In jeder jüdischen Gemeinde gibt es aus religiösen Gründen je einen Männer- und einen Frauenverein, eine Chewra Kadischa. Frauen, welche einer Chewra angehören, verpflichten sich, kranke Frauen in der Gemeinde zu besuchen, bei Sterbenden die üblichen Gebete zu verrichten, Tote zu waschen und einzukleiden, bei ihnen zu wachen und sie vom Bett zum Friedhof zu geleiten. Da die Mitglieder einer Chewra es sich zur Pflicht machen, jeder Jüdin ein den rituellen Vorschriften gemässes Begräbnis zu garantieren, nähten die Frauen der Chewra für Unbemittelte Totenhemden. Aus diesen ursprünglich rein religiösen Aufgaben entwickelte sich der Wohltätigkeitsverein, welcher sich der Armenpflege widmete und fürsorgerische Aufgaben an Frauen und Kindern in der Gemeinde und für durchreisende Juden und Jüdinnen übernahm.

Die jüdische Gemeinde überdauerte unter sehr schwierigen äusseren Bedingungen die Mediations- und Restaurationszeit in Basel. Der Kleine Rat erlaubte der Gemeinde nur, ein Lokal als Bethaus zu mieten. Das Errichten einer eigenen Synagoge und eines Lehrhauses war untersagt, ebenso Trauungen und Begräbnisse in der Stadt. Der Kleine Rat der Stadt behinderte die in Basel wohnhaften Juden aber nicht nur in ihrer Religionsausübung, er betrieb auch systematisch das langsame Aussterben der jüdischen Gemeinde, indem die Söhne einer jüdischen Familie nur solange Wohnrecht in der Stadt genossen, als sie sich nicht verheirateten. Ausnahmen wurden nur für den ältesten Sohn einer niedergelassenen Familie gewährt. Während noch zu Beginn der vierziger Jahre aus diesem Grund der weitere Bestand der jüdischen Gemeinde sehr in Frage gestellt war, milderte die Revision der Verfassung 1847 die Niederlassungsbestimmungen, so dass der Aufenthalt und die Niederlassung der ansässigen Juden nicht mehr gefährdet war. 1849 wurde der Gemeinde vom Kleinen Rat die Erlaubnis zum Kauf einer Liegenschaft am Unteren Heuberg 21 zwecks Errichtung einer kleinen Synagoge erteilt. Rechtlich war die Gemeinde und der Kultus aber weiterhin nicht abgesichert. Erst 1866 erhielten die Juden in der Schweiz die Niederlassungsfreiheit, und schliesslich garantierte ihnen die Revision der Bundesverfassung von 1874 auch die volle Glaubens- und Kultusfreiheit. Es ist also kein Zufall, dass der Wohltätigkeitsverein der Frauen der Israelitischen Gemeinde sich erst 1874 im *Adressbuch der Stadt Basel* eintragen liess.

Um 1880 entstanden wahrscheinlich die ältesten noch erhaltenen Statuten des Frauenvereins der Israelitischen Gemeinde, die einzige Quelle, welche ein Bild von der Tätigkeit und der Funktion des Frauenvereins in der Gemeinde vermittelt. Die Vereinsstatuten spiegeln die Veränderungen der Gemeinde durch die 1866 gewährte Niederlassungsfreiheit wider. Denn nach 1866 begannen die in benachbarten elsässischen Dörfern wohnenden Juden in die Stadt überzusiedeln, was die Basler Gemeinde vor grosse Probleme stellte: Eine den wachsenden Bedürfnissen angepasste Gemeindestruktur musste geschaffen werden. Vermehrt musste die Gemeinde auch für Arme aufkommen. Zwischen dem Vorstand der Gemeinde und der Leitung des Männervereins kam es zu Spannungen, da der Gemeindevorstand versuchte, die Männer-Chewra in eine von der Gemeindeverwaltung zentral geleitete Armenpflege einzubinden. Schwierigkeiten entstanden in der Gemeinde auch, weil der Vorstand einen obligatorischen Beitrag aller Gemeindemitglieder an die Armenkasse durchzusetzen versuchte. Im Protokoll des Gemeindevorstandes vom 29. Januar 1880 lesen wir dazu: *Nach längerem Résumé wird beschlossen: Es solle bei den freiwilligen Beiträgen zum Armen-Wesen verbleiben, doch solle der Gemeinde der Antrag gestellt werden, die Gemeinde-Commission (den Gemeindevorstand, sj) mit der Befugnis auszustatten, solche Gemeindemitglieder die nicht freiwillig zur Armen-Casse beisteuern, durch geeignete Mittel zur Beisteuer zu zwingen.* Der Frauenverein unterstützte die Politik des Gemeindevorstandes, wie seinem Tätigkeitsbericht für 1882 zu entnehmen ist: *Der hier verstorbene Handwerker X (im Original steht der Name, sj) aus Lemberg hinterliess uns eine ganz mittellose Frau mit 3 Kindern. – Die Commission (der Gemeindevorstand, sj) sah es als Menschenpflicht an, vorläufig für deren Unterhalt zu sorgen. – Wir haben beschlossen, derselben fl5 wöchentlich aus der Armen-Casse verabfolgen zu lassen und die 4 verschiedenen Wohltätigkeitsvereine aufzufordern, ihrerseits für die Wohnungsmiethe einzustehen. – **Der Frauenverein, welcher am meisten für Unterstützung leistet, wie Sie aus dessen Rechnungsablage ersehen könnten, hat fl20 vierteljährlich zugesagt** (Hervorhebung sj). Der Männer-Verein der Chevre Tofer Tof aber, der die grössten Einnahmen hat, gab uns abschlägigen Bescheid, von den anderen 2 Vereinen sind wir noch ohne Antwort.* Einige Jahre später gelang es aber, die verschiedenen Vereine in einer Armen-Kommission zusammenzufassen und eine einheitliche und koordinierte Armenpflege in der Gemeinde zu schaffen, die von allen Mitgliedern getragen wurde.

Auch der Frauenverein hatte Einsitz in der Armen-Commission. Er übernahm im Laufe der achtziger Jahre ganz wesentliche Funktionen innerhalb der jüdischen Gemeinde, wie dies auch in den ältesten erhaltenen Statuten deutlich zum Ausdruck kommt. Die religiösen Pflichten stehen im Text nicht im Vordergrund, sind aber in verschiedenen Bestimmungen der Statuten klar fassbar. Straff organisiert, wurde der Verein von einer mit weitgehenden Kompetenzen ausgestatteten Präsidentin geleitet, welche de facto für die Organisation der gesamten Krankenpflege für die weiblichen Gemeindemitglieder und weiter Bereiche des Armenwesens verantwortlich war. Der Frauenverein hatte den Charakter einer Hilfskasse. Der monatliche Mitgliederbeitrag garantierte den Anspruch auf Pflege und finanzielle Unterstützung bei Krankheiten in der Familie. Mit seinem Beitritt akzeptierte das Mitglied indessen auch, auf Anordnung der Vereinspräsidentin Nachtwachen bei Kranken und, wenn nötig, deren Pflege auch tagsüber zu übernehmen. Allerdings konnte ein Mitglied sich von dieser Pflicht befreien, indem es für die Kosten für eine Krankenwärterin aufkam. Gegebenenfalls musste ein Mitglied die Wahl ins Comité annehmen und die mit der Armen- und Krankenpflege verbundenen Verwaltungsarbeiten zwei Jahre lang erledigen. Ein Teil der Mitgliederbeiträge wurde somit durch aktive Mitarbeit auf verschiedenen Ebenen in der Armen-und Krankenpflege geleistet. Diese fürsorgerische Tätigkeit innerhalb der jüdischen Gemeinde führte um die Jahrhundertwende auch zur Zusammenarbeit mit christlichen Frauenvereinen. Mitglieder des jüdischen Frauenvereins finden sich zum Beispiel in der Jugendfürsorge des Basler Frauenvereins zur Hebung der Sittlichkeit. 1912 folgte die Präsidentin der Einladung der eben gegründeten Frauenzentrale, an deren Sitzungen teilzunehmen.

Quellen:

Adressbuch der Stadt Basel 1874–1918

Jahresberichte und Protokolle des Vorstandes der Israelitischen Gemeinde Basel, Staatsarchiv Basel, Privatarchiv 793

Statuten des Israelitischen Frauenvereins Basel, Staatsarchiv Basel, Israelitische Gemeinde Basel, Privatarchiv 793

Literatur:

Nordemann Theodor, *Zur Geschichte der Juden in Basel. Jubiläumsschrift der Israelitischen Gemeinde Basel aus Anlass des 150jährigen Bestehens*, ‹Basel›, ‹1955›

Nordmann Achilles, *Geschichte der Juden in Basel seit dem Ende der zweiten Gemeinde bis zur Einführung der Glaubens- und Gewissensfreiheit 1397–1875*, Basel, 1913 (Separatabdruck aus der Basler Zeitschrift für Geschichte und Altertumskunde, Band 13/1913)

Picard Jacques, *Die Schweiz und die Juden 1933-1945. Schweizerischer Antisemitismus, jüdische Abwehr und internationale Migrations- und Flüchtlingspolitik*, Zürich, 1994, S. 239–241: *Bund Schweizerischer Israelitischer Frauenvereine*

3. Im Auftrag der Stadtmission unterwegs: Elise Heiniger (1835–1894)

Die Glieder des Frauenvereins wünschen die Anstellung einer Frauensperson, welcher die Hauptgeschäfte überbunden werden könnten, vermerkt das Protokoll der Evangelischen Gesellschaft für Stadtmission unter dem 21. Februar 1867. Seit fünf Jahren war das von der Evangelischen Gesellschaft unabhängige Frauencomité in der *weiblichen Diakonie* in Kosthäusern und Arbeiterfamilien der Stadt tätig: Die Frauen *versehen... von sich aus einen regelmässigen Dienst durch Lesen des Wortes Gottes in Familien und bei einzelnen Personen, auf ihre Lage und Verhältnisse eingehend, und gehen dem jungen weiblichen Geschlechte (alleinstehenden, in Kosthäusern lebenden Fabrikarbeiterinnen, sj) nach.* 1867 wollte das Damencomité offenbar die anstrengenden Besuche und die fürsorgerische Arbeit einer Angestellten übertragen. Da die Frauen unter Geschlechtsvormundschaft standen, verfügten sie ohne die Unterstützung des Männercomité der Stadtmission nicht über die nötigen Mittel. Die im Juli 1867 erfolgte Anstellung von Elise Heiniger als *Bibelfrau* bezeichnet deshalb den Beginn der langsamen Vereinnahmung des Frauencomité durch die ausschliesslich von Männern geleitete Stadtmission.

Elise Heiniger stammte aus einfachsten Verhältnissen. Sie kam 1835 in Weislingen in Baselland zur Welt, besass aber das Bürgerrecht des bernischen Eriswil. Seit 1849 lebte sie mit ihrer Mutter Elisabeth Heiniger-Börlin und ihren vier Geschwistern in Basel. Sie war die zweitälteste von vier Töchtern. Da ihre drei Jahre ältere Schwester 1854 nach Pfeffingen heiratete, wurde sie als die älteste, im Haushalt verbliebene Tochter zur *Stütze* ihrer Mutter. Denn ihr Vater Johann Ulrich liess sich erst 1856 in Basel nieder, wo er als Taglöhner arbeitete. 1862 starb er. Wie schon ihre Mutter arbeitete Elise Heiniger in der Fabrik als Seidenwinderin, bis sie 32jährig von der Stadtmission angestellt wurde. An ihren ökonomischen Lebensumständen hat dies wohl nicht viel geändert. Ihr Lohn war kärglich: Fr. 800.– im Jahr, nachdem das Frauencomité gegen die anfänglich bewilligten Fr. 600.– protestiert hatte. Unter dem 6. März 1873 lesen wir im Protokoll der Stadtmission: *Bei den dürftigen Umständen der Jungfrau Heiniger, da sie eine kränkliche Mutter zu verpflegen hat, sollte ihr fr 40, die sie bei Herrn Herzog (-Reber, Gründer der Stadtmission und Ehemann der Präsidentin des Frauencomité, sj) entlehnte, nicht vom Honorar, dass sie 1/4 jährlich vorausbeziehe, abgezogen werden, sondern als Geschenk erlassen, und Herrn vonderMühll (Kassier der Evangelischen Gesellschaft, sj) Handöffnung gegeben werden, ihr zeitweise so lange sie die Mutter bei sich hat, bis auf fr 100 per Jahr namens der Gesellschaft beizustehen.*

1880 gelang es Elise Heiniger, das 1867 bei der Anstellung durch das Frauencomité geschaffene persönliche Abhängigkeitsverhältnis von Frau Herzog-Reber, der Präsidentin des Comité, aufzulösen, indem sie Meinungsverschiedenheiten zwischen der Evangelischen Gesellschaft und dem Frauencomité über ihr Anstellungsverhältnis gezielt ausnützte; denn beide Vereine betrachteten Elise Heiniger als ihre eigene Untergebene. Der Frauenverein sah im finanziellen Beitrag der Evangelischen Missionsgesellschaft an die Lohnkosten eine Unterstützung der eigenen Vereinstätigkeit. Die Männer betrachteten hingegen Elise Heiniger im Laufe der Jahre als eigene, im Auftrag des Comité für einen anderen Verein tätige Angestellte und die Zahlungen an den Frauenverein als Lohnzahlungen. Am 22. November 1880 werden im Comité der Stadtmission über *gewisse Anstände, welche zwischen Jungfrau Heiniger, **unserer Angestellten** (Hervorhebung sj), und ihrer Mitbewohnerin des Hauses Nr. 2 Peterskirchplatz (im Martastift, sj), resp. der Hausvermieterin Frau Herzog-Reber sich ergeben haben, vertrauliche Mitteilungen* gemacht. Es wurde beschlossen, Elise Heiniger eine eigene Wohnung in einer der Stadtmission gehörenden Liegenschaft am Spalentorweg anzubieten. Der Nachsatz: *Über die Aufstellung eines der Jungfrau Heiniger zur Seite gehenden Frauencomité soll in einer folgenden Sitzung beraten werden*, macht deutlich, dass mit dem Lokalwechsel der Frauenverein die Kontrolle über Elise Heiniger endgültig verloren hatte.

Diese Veränderung bedeutete einen persönlichen Statusgewinn für die langjährige und erfolgreiche *Arbeiterin* der Stadtmission, auch wenn die *Herren* im Comité seit jeher an ihrer mangelnden Bildung und ihren Umgangsformen Anstoss nahmen: *Die Jungfrau Heiniger wirkt nach wie vor unverdrossen und treu, oft derb, fast heftig, meint sie es herzlich. Ihre Vereine blühen, den Fabrikmädchen ist sie eine mütterliche Freundin. Die Jungfrauen Linder, Gelhaar, Müller stehen ihr wacker ‹bei› und ergänzen durch ihre Bildung das etwas Plebeische der Jungfrau Heiniger, die überaus glücklich und zufrieden in ihrem neuen Heim ist.* 1880 erwarb Elise Heiniger auch das Basler Bürgerrecht.

Die Hauptarbeit von Elise Heiniger bestand in Besuchen bei Familien und alleinstehenden Frauen. Sie erstattete monatlich Bericht von ihrer Arbeit in den sogenannten *Tagebüchern.* Die *Jungfrauen*, welche Elise Heiniger in ihrer Arbeit unterstützten, scheinen oft diese Berichte für sie ins Reine geschrieben und die gröbsten orthographischen und sprachlichen Fehler verbessert zu haben. Trotzdem besitzen diese Texte einen eigenen, unverkennbaren Stil: In kargen Sätzen protokolliert Elise Heiniger das Elend der verheirateten und alleinstehenden Frauen der städtischen Unterschicht. Elise Heiniger teilte das paternalistische Weltbild ihrer Arbeitgeber. Sie akzeptierte die von ihr wegen ihres Geschlechts und ihrer sozialen Herkunft geforderte Unterordnung als gottgewollt. Auflehnung gegen das eigene Schicksal oder unerträgliche ökonomische Lebensumstände stiessen bei Elise Heiniger auf aufrichtige Anteilnahme, aber für ihr Glaubensverständnis zeugten solche Klagen vor allem von mangelndem Gottvertrauen. Deshalb konnte sie schreiben: *Schwestern O.: Sind sehr arme Leute, die mit Nahrungssorgen (Hunger, sj) zu kämpfen haben. Weil sie schwach sind, können sie nur wenig verdienen. Eine der Schwestern ist Witwe und hat 2 Kinder. Eines derselben ist bei einer Schneiderin in der Lehre, das andere geht noch in die Schule. Es drückt sie oft schwer, dass unter den Menschen ein so grosser Unterschied herrscht, dass die einen es so gut haben und die andern so schwer durchs Leben müssen. Sonst sind die Schwestern christlich gesinnt.* Aber ihre Unterordnung, welche sie selbst als *Hingebung an den Herrn* bezeichnete, war keine blinde Unterwerfung. Ihre eigene Lebensgeschichte verband sie zu sehr mit den zum Teil unerträglichen Lebensumständen der von ihr besuchten Familien und alleinstehenden Frauen. Immer wieder stossen wir in ihren Tagebüchern auf Stellen wie: *Der Frau tut es wohl, wenn ihr aus der Heiligen Schrift vorgelesen wird, doch lastet ihre drückende Lage so sehr auf ihrem Gemüt, dass sie sich keinen Trost zueignen kann.* Sie stellte also die der christlichsozialen Politik der Stadtmission zugrundeliegende Behauptung, dass Armut und Elend Folge der *Sünde* sei, wenigstens implizit in Frage. Ihre *Hingabe an den Herrn* erlaubte ihr auch die offene Auflehnung gegen das Comité, welches jede direkte finanzielle Unterstützung Bedürftiger ablehnte und der Armenpflege überliess: *Diese Leute sind so verkehrt in ihrer Haushaltung, darum so arm. Es sind 3 Personen, Mutter und Tochter ‹so›wie einen Sohn. So haben sie müssen ausziehen und nahmen ein Logis ohne Küche. Sollen alles auf dem Spiritus kochen. Vermögen keine Petroleumküche (Petroleumkocher, sj), da sie nicht genug für Nahrung verdienen. In ihrem Jammer finden sie nicht Worte genug, wie sie sollen weiter leben. **So wagte ich im Glauben zu handeln** und nahm die Tochter mit zu Herrn Scheuchzer, **und kaufte ohne Geld eine Petroleumküche** (Hervorhebungen sj). Wo (weshalb, sj) die Frau in Tränenfreuden bekam. Der Herr helfe.* Neben der herben Glaubensstrenge von Elise Heiniger wird hier ein ganz pragmatischer Zug ihres Charakters fassbar: Ihre Annahme der herrschenden Machtverhältnisse entspringt zu einem guten Teil der Einsicht in die Aussichtslosigkeit offener Auflehnung.

Sehr interessant sind die Ausführungen von Elise Heiniger zu einem offenbar für die letzten Jahrzehnte des 19. Jahrhunderts typischen Mutter-Tochter-Konflikt. Viele Mädchen waren nicht mehr bereit, der von ihnen erwarteten Rolle als *Tochter*, vor allem derjenigen der *ältesten Tochter* mit der gleichen Ergebenheit nachzukommen wie Elise Heiniger: *Der Herr gab mir…auch Kraft genug ganz meiner Mutter und Geschwister zu leben und so dem Herrn zu dienen.* Sie hat die mit der Rolle der ältesten, im Haushalt lebenden Tochter verbundene Ehelosigkeit und die daraus sich ergebenden direkten und indirekten Folgen nie in Frage gestellt, beschreibt sie aber ausführlich in ihren *Tagebüchern*, zum Beispiel in ihrer Erklärung für die schlechte finanzielle Situation einer kranken, alleinstehenden Frau: *Sie hat auch kein erspartes Geld, da sie als die älteste Tochter ihren Eltern helfen musste, die Geschwister zu erziehen.* Die unverheirateten Mädchen und jungen Frauen, welche in der Stadt aufgewachsen waren und meistens seit ihrer Kindheit in der Fabrik arbeiteten, waren nicht immer widerstandslos bereit, ihre Bedürfnisse denjenigen der Familie und den an sie gestellten Rollenerwartungen anzupassen. Viele junge Frauen entzogen sich, indem sie das Elternhaus verliessen oder den Gehorsam verweigerten.

Zunächst scheint es sich um einen ökonomischen Interessenkonflikt zwischen der älteren und der jüngeren Generation zu handeln, wie der folgende Text zeigt: *Diese Frau ist sehr angegriffen von wegen der Kinder, dass alle so ungehorsam sind, und nur nach ihrem Willen leben und sie (sie und ihr Ehemann, sj) jetzt im Alter ganz auf sich angewiesen sind, und ganz keine Hülfe von den Kindern erwarten können, und wurde die Frau voller Sorgen.* Die Klagen der Frau beschreiben aber nur die Folgen des Autoritätsverlustes der älteren Generation über die jüngere, welche durch ihr Verhalten ein traditionell überliefertes Familienmodell mit der dazugehörenden Familienökonomie in Frage stellte. Die tieferen Ursachen dieses Prozesses lassen sich anhand der *Tagebücher* nicht feststellen. Aber die verschiedenen Formen, in welchen sich dieser Konflikt manifestierte, können anhand der *Tagebücher* von Elise Heiniger, die beide Seiten zu Wort kommen lässt, gut erfasst werden. Sehr aufschlussreich ist der Fall von vier Schwestern, welche das väterliche Haus wegen einer unpassenden Heirat des Vaters verlassen, was Elise Heiniger ausdrücklich billigt, nicht aber das Verhalten einer weiteren Tochter, welche sich bei dieser Gelegenheit ganz von der Familie trennt: *Hier sind 4 Schwestern,* **die zusammen eine Familie bilden**. *3 arbeiten auf der Fabrik während die 4te die Haushaltung besorgt. Ihr Vater trat vor einem Jahr zum 2ten Mal in die Ehe mit einer Person, die mit seinen Töchtern in gleichem Alter steht, weshalb sich dieselben von ihm trennten. Der Vater behielt die 2 jüngsten Kinder bei sich. Eine der Töchter machte sich von den 4 übrigen los, indem sie es vorzog bei* **fremden Leuten zu wohnen, um ein freies Leben führen zu können**. *Diese 4 leben* **still und vergnügt beisammen und sind brav und fleissig** *(Hervorhebungen sj)*. Die den vier Schwestern vorbehaltene Zuordnung der Begriffe *eine Familie bilden, still beisammen sein* und *brav und fleissig sein* lässt ahnen, welche Folgen das Wohnen *bei fremden Leuten* und ein *freies Leben* für eine junge Frau in den Augen von Elise Heiniger haben. Hier wird ein weiterer Aspekt dieses Konfliktes fassbar. Viele Mädchen wehrten sich gegen ihre räumlich auf den elterlichen Haushalt beschränkte Bewegungsfreiheit: *Sie (die Mutter, sj) hat auch viel zu kämpfen, weil die älteste Tochter gar nicht gehorchen will, und es vorzieht am Abend mit ihresgleichen auf den Wasserturm zu fahren anstatt bei ihrer Mutter zu Hause zu bleiben, wie es ehrbaren Töchtern wohl ansteht.* Die Formulierung: *wie es ehrbaren Töchtern wohl ansteht* in der oben zitierten Passage zeigt, dass der freien Bewegung junger Mädchen in gemischter Gesellschaft der Ruch der *Unsittlichkeit* anhaftete: *Der Vater dieser Tochter klagte sehr, wie dieselbe so leichtsinnig davon lebe und wie gut es doch wäre, wenn sie versorgt (in einer Erziehungsanstalt, sj) werden könnte. Ich besuchte Amalie auf der Fabrik und redete ernstlich mit ihr über ihren bösen Lebenswandel. Sie erwiderte aber ganz trotzig, dass sie recht sei und ihr Vater habe nichts über sie zu sagen, da er ja nicht wisse, was sie mache.* Die Antwort der Tochter auf die Drohung des Vaters, sie in eine Erziehungsanstalt zu *versorgen*, macht aber deutlich, dass die darin implizit ausgesprochene Anklage ausserehelicher Beziehungen zu Männern und die damit verbundene Angst des Vaters vor einer unehelichen Schwangerschaft ihrer Ansicht nach eine ungerechtfertigte Behauptung sei, *da er ja nicht wisse, was sie mache*. Sie handelt zwar bewusst gegen die *Sitte*, verwahrt sich aber ausdrücklich gegen die Behauptung, *unsittlich* zu sein. Elise Heiniger versuchte durch Gründung von Jungfrauenvereinen die traditionellen Werte unter der weiblichen Jugend zu erhalten, und in den von ihr geführten Vereinen für verheiratete Frauen und alleinstehende Mütter war es ihr wahrscheinlich möglich, mit den Frauen solche und ähnliche Konflikte zu besprechen und selbst einzugreifen, wo es ihr notwendig erschien. Allerdings liess sich auf diese Weise der durch die Industrialisierung und die damit verbundenen sozioökonomischen Veränderungen, welche den Zusammenhalt unter den Familienmitgliedern abschwächten und die eigentliche Ursache der Konflikte waren, nicht umkehren. Es handelte sich eben nicht um ein ausschliesslich *sittliches* Problem, wie sie und ihre Arbeitergeber annahmen.

Nach ihrem Umzug an den Spalentorweg arbeitete Elise Heiniger noch weitere vierzehn Jahre für die Evangelische Stadtmission. In diesen Jahren hatte sie immer mehr mit gesundheitlichen Problemen zu kämpfen, über die sie seit ihrer Anstellung 1867 durch das Frauencomité klagte. Auch zahlreiche Kuraufenthalte bei einer in Calw lebenden Schwester halfen nicht viel. Wie die meisten der von ihr besuchten Frauen litt sie an dauernder Überarbeitung: Erst 58jährig erlag sie im Januar 1894 einem schweren Lungenemphysem.

Quellen:

Adressbuch der Stadt Basel 1854–1894
Anstein Hans, *Fünfzig Jahre Stadt-Mission in Basel*, Basel, 1909
Jahresberichte der Evangelischen Gesellschaft für Stadtmission, Staatsarchiv Basel, Privatarchiv 771
Korrespondenz der Evangelischen Gesellschaft für Stadtmission, Staatsarchiv Basel, Privatarchiv 771, D 1
Protokolle des Comité der Evangelischen Gesellschaft für Stadtmission, Staatsarchiv Basel, Privatarchiv 771, A 15
(Schreibung und Interpunktion in den Zitaten im Text von sj normalisiert)
Register der Einwohnerkontrolle, Staatsarchiv Basel (provisorisch)
Tagebücher von Elise Heiniger 1869–1893, Evangelische Gesellschaft für Stadtmission, Staatsarchiv Basel, Privatarchiv 771, A 1 (Schreibung und Interpunktion in den Zitaten im Text von sj normalisiert)

Literatur:

Schaffner Martin, *Die Basler Arbeiterbevölkerung im 19. Jahrhundert. Beiträge zur Geschichte ihrer Lebensformen*, Basel und Stuttgart, 1972 (Basler Beiträge zur Geschichtswissenschaft, Band 123)

4. Arbeiterinnenvereine in Basel

Die ältesten in Basel nachweisbaren Vereinigungen von Arbeiterinnen, die zwei *Weibersektionen* des Internationalen Arbeitervereins, haben gewerkschaftlichen Charakter und entstanden Ende 1868 in Basel und Birsfelden während des ersten grossen Arbeitskonfliktes in der Basler Stadtgeschichte. In ihnen organisierten sich ausschliesslich Seidenbandweberinnen. Am 10. Oktober 1868 hatte der Präsident des Arbeitervereins im Vorstand vorsichtig angefragt: *Wollen wir uns den Frauen nähern und dieselben bekanntmachen mit unserer Sache?* Man beschloss aber, *diese Sache den Posamentern zu überlassen.* Der Posamenterverein war bis zu diesem Zeitpunkt die grösste Sektion, und seine Mitglieder machten fast die Hälfte des damaligen Mitgliederbestandes des Arbeitervereines aus. Diese Sektion des Arbeitervereins hatte an der selbständigen Organisation der in ihrer Branche tätigen Frauen keinerlei Interesse. Trotzdem kam es im November 1868 zur Aufnahme der beiden Frauensektionen. Dies könnte damit zusammenhängen, dass anfangs November bei der ersten, die winterliche Streikwelle ankündigenden Auseinandersetzung in der Bandfabrik De Bary in St. Jakob die entscheidende Wendung von den Frauen ausging. Der Status dieser weiblichen Sektionen wurde Anfang Dezember in einem eigenen Abschnitt des *Reglements* des Arbeitervereins, den *Bestimmungen über die Frauen* geregelt. Die beiden Sektionen wurden direkt dem sogenannten *Verwaltungsrat*, dem obersten Exekutivorgan des Arbeitervereins, unterstellt, vermutlich um sie gegen Vereinnahmungen durch die männliche Sektion zu schützen: *1). Die sich dem Internationalen Arbeiterverein anschliessenden Vereine sind von dem Verwalthungsrathe zu organisieren* und *5). In den Sitzungen der Frauen haben nur die Mitglieder des Verwaltungsrathes und Sektionspräsidenten oder solche die schriftliche Bewilligung des Verwaltungsrathes vorweisen Zutritt. Alle anderen sind auszuschliessen.* Dies bedeutete aber auch, dass die Frauensektionen nicht selbständig beschlussfähig waren, obwohl sie sonst den übrigen Sektionen gleichgestellt waren: *In Allem sind die Frauen-Sektionen dem Beisein (?) und Beschlüssen des Internationalen Arbeitervereins unterworfen, und haben Gleichberechtigung mit anderen Sektionen.*

Frauen stellten auf dem Höhepunkt der Entwicklung des Internationalen Arbeitervereins zwar nur zwei der 18 Sektionen, hingegen machten ihre rund 500 Mitglieder im Dezember 1868 fast ein Sechstel des gesamten Mitgliederbestandes aus. Zumindest einzelne Frauen und Frauengruppen scheinen sich durch grosse Radikalität ausgezeichnet zu haben. Frauen waren in den angespannten Tagen vor dem Ausbruch des Streikes am 16. November 1868 immer wieder in Zwischenfälle verwickelt. Am 29. November 1868 nach der Wahl des ersten Arbeiter-Grossrates soll nach einer Zeitungsmeldung ein Student, der mit dem Ruf: *abe mit em* die erste Ansprache des neugewählten Grossrates störte, von einer Angehörigen der *Weibersektion* mit Fäusten *über den Begriff der Redefreiheit aufgeklärt* worden sein. Interessant sind verschiedene Hinweise auf die religiösen Motive der Radikalität der in den *Weibersektionen* organisierten Frauen: So sollen Frauen bei einer grossen Versammlung im Restaurant Augarten verkündet haben, die Zeiten der Apostel würden wieder zurückkehren, als noch kein Unterschied zwischen mein und dein bestanden habe. Nach dem ungünstigen Ausgang der Streiks im Winter 1868/69 zerfielen die Frauensektionen aber schon im Januar 1869 wieder.

Ob die 1869 gegründete Basler Sektion der von Marie Goegg-Pouchelin in Genf gegründeten *Association internationale des femmes* mit den beiden Sektionen des Internationalen Arbeitervereins in irgendeinem direkten Zusammenhang steht, ist unklar. Ein 1869 von der Basler Sektion vertriebenes Werbezirkular trat erstmals in Basel für die vollständige Gleichstellung von Mann und Frau ein: *Son but a été de protester publiquement contre l'injustice de quelques-unes des lois de tous pays à l'égard de la femme; de signaler les malheurs et les abus que ces lois occasionnent; de travailler à les changer;*

de revendiquer pour la femme l'égalité de tous les droits dont jouissent les hommes dans l'Etat et dans la société.

Erst zwanzig Jahre später wird im September 1887 in Basel wieder ein Arbeiterinnenverein gegründet. Seit 1886 hielt Gertrud Guillaume-Schack in verschiedenen Schweizer Städten Vorträge, in denen sie die Arbeiterinnen aufforderte, sich in Vereinen zusammenzuschliessen. Mit ihrer Hilfe entstand 1886 der Arbeiterinnenverein St. Gallen. Im Jahr darauf folgten die Gründungen der Vereine in Winterthur, Zürich, Bern und Basel. 1890 schlossen sich diese fünf Arbeiterinnenvereine, welche erstmals gemeinsam an der Arbeiterkonferenz in Olten teilnahmen, zu einem schweizerischen Zentralverband zusammen.

Auch in Basel gab ein gut besuchter Vortrag von Gertrud Guillaume-Schack am 14. September 1887 den Anstoss zur Vereinsgründung. Das Protokoll der konstituierenden Sitzung des Vereins ist zwar undatiert, dürfte aber auf den 23. September gefallen sein. Erste Präsidentin wurde Helene Dietz. Mehrere Vorstandsmitglieder des Basler Arbeiterbundes bemühten sich in den ersten Monaten mit grossem Engagement um den Frauenverein durch Vorträge und mit praktischer Hilfe bei der Regelung der Vereinsgeschäfte. Im Dezember 1887 beschloss der Arbeiterinnenverein den Beitritt zum Arbeiterbund. Helene Dietz wurde zu den Sitzungen des Vorstandes als Delegierte des Arbeiterinnenvereins zugelassen und berichtete im Verein darüber. Im April 1889 meinte sie allerdings, *dass nur immer Vereinsangelegenheiten (des Arbeiterbundes, sj) zur Verhandlung kommen, welche für unseren Verein kein grosses Interesse haben.* Nach ihrem Wegzug aus Basel 1890 verlor der Arbeiterinnenverein seine direkte Vertretung im Vorstand des Arbeiterbundes.

Helene Dietz verstand den Arbeiterinnenverein als rein politische Organisation und wehrte sich deshalb gegen die Verwendung des Vereinsvermögens zur Unterstützung von Mitgliedern: *Unter Allfälligem wurde von Helene Dietz klargelegt, für was für Zwecke das auf der Sparkasse aufbewahrte Geld diene, und wurden die Mitglieder dahin belehrt, dass wir ein politischer, kein wohltätiger Verein haben.* Das geringe Einkommen der Mitglieder machte es im April 1889 aber nötig, den monatlichen Beitrag von 30 auf 20 Rappen herabzusetzen und das Eintrittsgeld ganz abzuschaffen. Im Januar 1890 wurde dann doch die Schaffung einer separaten Hilfskasse beschlossen, welche durch eine Tombola gespeist werden sollte. Der Verein hatte 1888 nur ungefähr dreissig Mitglieder. Geringe Mitgliederzahlen und finanzielle Schwierigkeiten prägten die Geschichte des Vereins bis zum Ersten Weltkrieg; viele Arbeiterfrauen waren nicht in der Lage, die Mitgliederbeiträge zu zahlen oder erhielten von ihren Vätern und Ehemännern das dafür nötige Geld nicht, besonders wenn diese selbst Mitglied des Arbeiterbundes waren. Schwierigkeiten hatte der Arbeiterinnenverein in den ersten Jahren auch damit, geeignete Lokale für die Versammlungen zu finden, nicht nur wegen des Konsumationszwanges: *Über die Lokalfrage sprach die Präsidentin, indem sie uns mittheilte, dass sich der frühere Lokalbesitzer verschiedene missliebige Äusserungen zu Schulden kommen liess über unseren Verein. Entschloss man sich einstimmig, das Lokal zu wechseln. Dasselbe soll sich in Zukunft im Restaurant Kaiser, untere Rheingasse, befinden.*

Durch Vorträge, oder indem sie andere Mitglieder zu Redebeiträgen aufforderte, bemühte sich Helene Dietz um die politische Bildung der Vereinsmitglieder, wobei immer den Frauen vertraute Themen aus dem Alltag und der politischen Diskussion der Zeit aufgegriffen wurden. Auch eine kleine Bibliothek wurde eingerichtet. Helene Dietz sprach über die in Basel virulente Frage der nationalen Vorurteile unter der Arbeiterschaft, über die Doppelbelastung der Arbeiterinnen durch die Fabrikarbeit und den Haushalt und über die im März 1888 im Zusammenhang mit der geplanten Verfassungsrevision von fast 300 Frauen unterzeichnete und von einem liberal-konservativen Mann portierte Petition, welche das Stimmrecht für Frauen bei den Pfarrerwahlen forderte. Die Diskussion dieser Petition, an welcher sich auch Vorstandsmitglieder des Arbeiterbundes beteiligten, gibt interessante Aufschlüsse über die Beziehungen der Mitglieder beider Vereine zu den protestantischen Kirchgemeinden, über die Auseinandersetzung mit den Bemühungen der konservativen Kreise um soziale Reformen und die politische Zusammenarbeit zwischen dem Arbeiterbund und den konservativen Kreisen: *Die Sitzung wurde von der Präsidentin Helene Dietz eröffnet und geleitet, welche um (über die, sj) Eingabe des Frauenstimmrechts referierte, welches von der ganzen Versammlung bejaht wurde. Hauptsächlich von Genosse Fautin und Genosse Bärwart unterstützt wurde, von Genosse Boder wurde nur bemerkt, dass, wenn wir das Frauenstimmrecht haben, wir dann bald keine freisinnigen Pfarrer mehr haben. Genosse Bärwart widerlegte es aber, wenn er sprach, dass es nicht so schnell gehn wird mit dem Frauenstimmrecht, dass bis dann noch manches anders komme. Auch ‹die› beiden Genossinnen Dietz und Ct. (Cantieni?, sj) sprachen, dass es unter den Stündelern auch solche habe, die das Herz auf rechtem Fleck haben, dass sie schon mit solchen gesprochen haben, und sie ganz des gleichen Sinnes seien, nur das Wort Sozialismus fürchten. Auch betonte Genosse Bärwart, dass es ihn freue, dass wir uns bemüht haben über (um, sj) die Verfassungsrevision.* Die Unterstützung des politischen Frauenstimmrechtes bezeugt hingegen die 1890 im Protokoll festgehaltene eindringliche Mahnung der Präsidentin, ja zahlreich den Vortrag von Clara Zetkin zu besuchen, welche sich nicht nur für die politische Gleichstellung von Mann und Frau einsetzte, sondern auch für eine selbständige, von den politischen Organisationen der Männer unabhängige Arbeiterinnenbewegung eintrat.

Im September 1888 beschloss der Arbeiterinnenverein auf Anregung der damaligen Vizepräsidentin, Anna Vögelin-Suter, sich für die Verlängerung der Mittagspause der Seidenbandweberinnen auf zwei Stunden einzusetzen. Offenbar wandte sich der Verein zur Vermittlung des Gespräches mit dem Verein der Seidenbandfabrikanten an den Regierungsrat. Im April 1889 kam die schriftliche Antwort: *Die Präsidentin verlas einen Brief von Herrn Regierungsrath Philippi, in welchem er uns das Resultat der Besprechung mit Herrn Vischer mittheilte, nämlich dass derselbe unter keinen Umständen die zweistündige Mittagspause bewilligen wolle, weil, wie er behauptete, die Zahl*

*der Frauen, welche an den Webstühlen beschäftigt sind, die grössere ist und der Zeit-
verlust ein zu grosser wäre.* Anna Vögelin-Suter versuchte daraufhin, den Posamenterverein anzufragen, *ob derselbe geneigt sei, das Angestrebte von sich aus an die Hand zu
nehmen*, wurde aber offenbar von den männlichen Arbeitskollegen nicht unterstützt, so
dass der erste Versuch des Vereins, die Arbeitsbedingungen seiner Mitglieder zu verbes-
sern, scheiterte.

Ein sehr wichtiger Teil des Vereinslebens bildeten die regelmässigen Abendunterhal-
tungen und der Gesangverein. Da die meisten Fabrikarbeiterinnen nicht älter als zwanzig Jahre alt waren, dienten diese Aktivitäten auch der Vereinspropaganda. Der Arbeiterinnenverein wurde regelmässig an die Feste des Deutschen Arbeitervereins und des
Arbeiterbundes eingeladen. Im Gegenzug nahmen die Männer an den Abendunterhal-
tungen der Frauen teil. Eine grosse Rolle spielte auch der Gesangverein, welcher oft eingeladen wurde, den Männerchor des Arbeiterbundes zu ergänzen. Die Bedeutung des
Gesangvereines wird deutlich in der Jahresrechnung von 1908 mit dem hohen Defizit
von Fr. 270.–. Es entspricht praktisch dem höchsten Posten der Ausgabenseite, dem
Honorar von Fr. 240.– für den Dirigenten des Gesangvereines. In der Beschreibung in
der «Vorkämpferin», dem Organ des Zentralverbandes der Arbeiterinnenvereine, des
1908 neu bezogenen Vereinslokals im Restaurant Burgvogtei lesen wir: *Das neue Lokal
ist mit der Vereinsphotographie und mit den (an Sängerfesten, sj) errungenen Kränzen
heimelig ausgeschmückt. In einem Eckschranke konnte die bescheidene Bibliothek
untergebracht werden, so dass die Bücher jetzt leicht ausgetauscht werden konnten.*

In den neunziger Jahren und kurz nach der Jahrhundertwende entstanden mehrere
andere Arbeiterinnenvereine in Basel, welche meist über persönliche Kontakte oder
Doppelmitgliedschaften miteinander verbunden waren. In den meisten Fällen ist heute
kaum mehr etwas über die Hintergründe dieser Gründungen und die Mitglieder dieser
Vereine bekannt. Die meisten dieser Gründungen hatten auch nicht lange Bestand. Im
Überblick gewinnt man den Eindruck, dass einzelne engagierte Frauen versuchten,
neben den Fabrikarbeiterinnen auch andere weibliche Berufsgruppen zu organisieren.
1889 trat die Näherin Emma Wahlen (1861–1946) dem Arbeiterinnenverein bei und versuchte die Schneiderinnen und Weissnäherinnen zu organisieren. Sie gründete aber noch
im selben Jahr zusammen mit Sophie Arnold-Zurbrügg (1856–1939) den vom Arbeiterinnenverein unabhängigen Fachverein der Schneiderinnen und Weissnäherinnen, die
erste weibliche Berufsorganisation in Basel. Denn die Näherinnen und Schneiderinnen
wollten nicht mit Fabrikarbeiterinnen im gleichen Verein organisiert sein. Im Mai 1891
trat der Fachverein dem Arbeiterbund bei. Emma Wahlen engagierte sich für verbesserte
Ausbildungsmöglichkeiten der Schneiderinnen und Näherinnen, vor allem für die Einführung einer Lehrlingsprüfung auch für Mädchen. In den neunziger Jahren gab es kurze
Zeit auch einen Wäscherinnen- und Putzerinnenverein sowie einen Glätterinnenverein.
Sophie Arnold-Zurbrügg gründete in der zweiten Hälfte des Jahres 1895 den Frauenbund, welcher mit der Forderung nach dem Zehnstundentag und der Anstellung von
weiblichen Gewerbeinspektorinnen an die Öffentlichkeit trat. Er löste sich aber bereits

1897 wieder auf, wohl nach der vergeblichen Publikation des folgenden Aufrufes im «Basler Vorwärts» am 4. März 1897: *An die Frauen Basels! Wir richten an Euch verehrte Mitschwestern, die wiederholte Bitte, unserem Verein, welcher für die Befreiung der bedrückten Mitmenschen kämpft, beizutreten. Ihr Arbeiterfrauen, die ihr täglich die traurige Lage des arbeitenden Volkes an eurem eigenen Leibe erfahren könnt, schliesst euch uns an, zur Erringung menschenwürdigerer Zustände. Und ihr besser gestellte Schwestern, die ihr weniger schwer ums Dasein zu ringen habt, zeigt, dass ihr ein Herz für eure leidenden Nebenmenschen besitzt, kämpft mit uns um die edle Sache der Volksbefreiung.* Mehr Erfolg war dem 1899 ebenfalls von Sophie Arnold-Zurbrügg gegründeten Stauffacherinnenverein beschieden, welcher bis 1912 bestand, als er sich zusammen mit dem Arbeiterinnenverein der Sozialdemokratischen Partei anschloss.

Um 1904 hatten die beiden noch bestehenden Frauenvereine, der Arbeiterinnenverein und der Stauffacherinnenverein, je ungefähr achtzig eingeschriebene Mitglieder, was das Missverhältnis zwischen den organisierten Frauen und der Zahl der arbeitenden Frauen in Basel deutlich zeigt. Die folgenden Jahre führten zu einem Stillstand der Mitgliederzahlen, im Stauffacherinnenverein sogar zu einem Rückgang. Hauptursache dieser Stagnation war die Reorganisation des Verbandes schweizerischer Arbeiterinnenvereine im Jahre 1905. Es wurde beschlossen, dass alle Berufsarbeiterinnen, für deren Berufe spezielle schweizerische Berufsverbände bestanden, sich diesen Berufsorganisationen anschliessen sollten, während der Verband der Arbeiterinnenvereine die ungelernten Arbeiterinnen und Angehörigen solcher Berufe organisieren sollte, welche noch keine eigene Organisation zur Verfügung hatten. Dieser Gruppe gehörten zwar die Mehrheit der arbeitenden Frauen an, aber die ungelernten Arbeiterinnen, Heimarbeiterinnen und Hausangestellten waren nicht nur die finanziell am schlechtesten gestellte Frauengruppe, sie waren auch erfahrungsgemäss kaum zu organisieren. Der Beschluss des Zentralvorstandes des Verbandes schweizerischer Arbeiterinnenvereine von 1905 bedeutete de facto die bewusste Aufgabe einer eigenständigen gewerkschaftlichen und politischen Organisation der Frauen, wohl aus der pragmatischen Einschätzung heraus, dass der Anschluss an die männlichen Organisationen die einzige politisch gangbare Möglichkeit war, längerfristig eine Verbesserung der rechtlichen und wirtschaftlichen Lage der Frauen und die Gleichstellung von Mann und Frau durchzusetzen.

Der Widerstand der Baslerinnen gegen diese vom Zentralvorstand in Zürich eingeleitete Entwicklung war sehr gross. Sie wehrten sich bis zuletzt gegen die nach 1905 sich immer deutlicher abzeichnende Fusion mit dem Arbeiterbund und der sozialdemokratischen Partei, vor allem aus finanziellen Gründen. Der Arbeiterinnenverein war nicht in der Lage, Mitgliederbeiträge sowohl an den eigenen Zentralverband als auch an den Arbeiterbund zu zahlen, ohne gleichzeitig die eigene Vereinstätigkeit zum Erliegen zu bringen. Die Frauen wehrten sich auch gegen die vom Arbeiterbund betriebene Zentralisierung der Hilfskassen, da sie so die direkte Kontrolle über die von ihnen in erster Linie zur Unterstützung von Frauen eingezahlten Gelder verloren. Im August 1910 kam es zum offenen Konflikt, als der Verein sich beim Ausschuss des Arbeiterbundes wegen

Vernachlässigung beschwerte. Eine Aussprache führte zu keinen greifbaren Resultaten. Als Basel im Sommer 1911 zum neuen Verbandsvorort mit Amtsübernahme auf den 1. Januar 1912 bestimmt wurde, war der organisatorische Zusammenschluss nicht mehr zu umgehen. 1911 erfolgte die Fusion mit dem Arbeiterbund, im Januar 1912 gemeinsam mit dem Stauffacherinnenverein der Beitritt in die Sozialdemokratische Partei. Ida Schmid-Binder, ehemaliges Vorstandsmitglied des Stauffacherinnenvereins und neugewählte Verbandspräsidentin, verkörperte in Basel diese neue Politik der Arbeiterinnenbewegung bis zum Ersten Weltkrieg.

Quellen:

«Basler Arbeiterfreund», passim

«Basler Vorwärts», passim

Conzett Verena, *Arbeiterinnenvereine*, in: *Handwörterbuch der Schweizerischen Volkswirtschaft, Socialpolitik und Verwaltung*, hg. Naum Reichsberg, Bern, 1903, Band 1, S. 96–101

Devecchi-Bertschmann Anna, *Ausgewählte Kurzbiographien von sozial und politisch engagierten Basler Frauen*, Basel, Frauenzentrale, hektographierte Broschüre, 1977 (Ausstellungskatalog)

Gerhard Georgine, *Maria Tabitha Schaffner*, in: *Jahrbuch der Schweizerfrau 1932/33*, Basel, Bund Schweizerischer Frauenvereine (Schweizerisches Frauensekretariat), 1933, Band 13, S. 28–38

Protokolle des Arbeiterinnenvereins Basel 1887–1890, 1906–1912, Staatsarchiv Basel, Privatarchiv 716, Sozialdemokratische Partei Basel-Stadt, E 1,1 und E 1,2 (Schreibung und Orthographie der Zitate im Text von sj normalisiert)

Protokolle der Internationalen Arbeiter-Association 1868–1869, Staatsarchiv Basel, Privatarchiv 716, Sozialdemokratische Partei Basel-Stadt, B 3,1 (Schreibung und Orthographie der Zitate im Text von sj normalisiert)

Schaffner Maria Tabitha, *Die städtischen Heimarbeiter der Basler Seidenbandindustrie*, in: *Die wirtschaftlichen und sozialen Verhältnisse in der schweizerischen Heimarbeit*, Hg. J. Lorenz, Zürich 1911, S. 169–179 (auch als Separatdruck, Basel, ohne Datum)

«Vorkämpferin», 1906 ff. passim (Nr. 2/1908 zitiert nach Frei Annette, *Rote Patriarchen*, S. 97)

Werbezirkular der Association internationale des Femmes, Bundesarchiv Bern, Association internationale des femmes, E 22/330 Band 1 (zitiert nach Beatrix Mesmer, *Ausgeklammert-Eingeklammert*, S. 309/10, Anmerkung 22)

Literatur:

Degen Bernhard, *Krieg dem Kriege. Der Basler Friedenskongress der Sozialistischen Internationalen von 1912*, Basel, 1990

Frei Annette, *Rote Patriarchen. Frauenbewegung und Frauenemanzipation in der Schweiz um 1900*, Zürich, 1987

Häberli Wilfried, *Die Geschichte der Basler Arbeiterbewegung von den Anfängen bis 1914*, Band 1 und 2, Basel, 1985 und 1986 (164. und 165. Neujahrsblatt)

idem, *Der erste Klassenkampf in Basel (Winter 1868/69) und die Tätigkeit der Internationalen Arbeiter-Association (1866–1876)*, in: *Basler Zeitschrift für Geschichte und Altertumskunde*, Band 64/1964, S. 91–216

Mesmer Beatrix, *Ausgeklammert-Eingeklammert. Frauen und Frauenorganisationen in der Schweiz des 19. Jahrhunderts*, Basel, 1988

Quergängerin I: Frauenarbeit, Hg. historischer Frauen-Stadtrundgang, Basel, 1991

Ragaz Christine, *Die Frau in der schweizerischen Gewerkschaftsbewegung*, Stuttgart, 1933 (*Soziale Organisationen und Bewegungen der Gegenwart*, Neue Folge, Heft 2), Dissertation

Dorothea Roth, *Die Politik der Liberal-Konservativen in Basel 1875–1914*, Basel, 1988 (167. Neujahrsblatt)

Schümperli-Grether Rosmarie, *Eine andere Kleinbasler Geschichte*, Basel, 1993

5. Gegen die doppelte Moral: Lily Zellweger-Steiger (1862–1914)

Lily Zellweger-Steiger stammte aus Herisau in Appenzell-Ausserrhoden und war die Tochter eines frommen Fabrikantenehepaares. Durch ihre Familie war sie eng mit der Basler Mission und anderen *Reichgotteswerken* verbunden. Auf einem Missionsfest lernte sie ihren Mann kennen, der zwar in Basel aufgewachsen, aber im appenzellischen Trogen beheimatet war und seit kurzem eine Pfarrstelle im appenzellischen Reute angetreten hatte. Im März 1883 fand die Hochzeit statt. Lily Zellweger-Steiger widmete sich mit ganzer Seele zuerst der Gemeinde von Reute, von 1886 an der separatistischen Minderheitsgemeinde von Heiden. Gleichzeitig unterstützte sie ihren Mann in der Herausgabe des «Appenzeller Sonntagsblattes». Denn trotz ihres jugendlichen Alters besass sie bereits journalistische Erfahrung, da sie ihrem Vater bei der Herausgabe des «Illustrierten Hausfreundes» geholfen hatte. 1894 nahm ihr Mann die ihm angebotene Stelle als Chefredaktor der «Allgemeinen Schweizer Zeitung» in Basel an und gab damit den Pfarrberuf auf.

Die Übersiedlung in die Grossstadt Basel fiel Lily Zellweger-Steiger sehr schwer, auch setzte ihr der Verlust ihrer Tätigkeit als Pfarrfrau zu. Aber ihre Mitgliedschaft in der internationalen Organisation der Freundinnen junger Mädchen bot bald neue Anknüpfungspunkte, da sie sich gemäss den strengen Vereinsregeln umgehend bei der Basler Sektion anzumelden hatte. Seit 1890 waren die Basler Freundinnen junger Mädchen sehr in der *Bahnhofsarbeit* engagiert, das heisst, sie versuchten, junge Mädchen, welche auf der Suche nach Arbeit mit der Eisenbahn in die Stadt kamen, am Bahnhof zu *empfangen*: Sie sprachen die Ankommenden an, boten ihnen günstige Übernachtungsmöglichkeiten an und waren ihnen später auch bei der Arbeitssuche behilflich. Mit diesen Massnahmen reagierten die Freundinnen junger Mädchen auf verdeckte Formen der organisierten Prostitution in Basel und versuchten zu verhindern, dass die oft sehr unerfahrenen jungen Frauen nicht betrügerischen Arbeitsangeboten von professionellen Kupplerinnen und Zuhältern zum Opfer fielen oder durch längere Arbeitslosigkeit in die Prostitution abglitten. Da das Führen von Bordellen und die Strassenprostitution offiziell verboten waren wie auch die berufsmässige Kuppelei, hatte sich in Basel ein raffiniertes System herausgebildet, um die betreffenden Bestimmungen zu umgehen. Bordelle waren oft als Cigarrenläden oder Papeterien getarnt oder befanden sich in Nebenzimmern von Wirtschaften. Professionell geführte Stellenvermittlungsbüros waren ziemlich häufig im Kuppeleigeschäft tätig und wurden typischerweise von Frauen geführt, von sogenannten *Plaziererinnen* oder *Platzverschafferinnen*. Sie boten in der

Regel den Mädchen auch billige Übernachtungsgelegenheiten, bis sie ihnen eine Stelle gefunden hatten. Diese kombinierten *Kosthäuser* und Vermittlungsbüros bedeuteten für die Mädchen, die alleine in die Stadt kamen und dort weder Arbeit noch Wohnung und in der Regel auch keine Verwandten oder Bekannten hatten, die erste Anlaufstelle. Fanden sie nicht bald Arbeit, verschuldeten sie sich gegenüber der *Plaziererin* und gerieten so in ein Abhängigkeitsverhältnis. Besonders gefährdet waren in dieser Hinsicht auch unverheiratete Mütter, die oft sehr lange in solchen Häusern leben mussten, ohne die Miete zahlen zu können. Denn sobald der Arbeitgeber oder die Hausherrin die Schwangerschaft entdeckten, wurden die jungen Frauen entlassen und konnten aus demselben Grund für Monate auch keine neue Stelle mehr finden. Mittels der Schulden konnte die *Plaziererin* die Mädchen direkt zur Prostitution zwingen oder zur Annahme entsprechender, von ihr vermittelter Arbeitsstellen. Deshalb eröffneten die Freundinnen 1892 an der Wallstrasse ein *Bahnhofheim* und der Basler Frauenverein zur Hebung der Sittlichkeit 1901 das *Zufluchtshaus* an der Holeestrasse. Die meisten Mitglieder des 1892 entstandenen Comité zur Hebung der Sittlichkeit, aus welchem 1901 der von Lily Zellweger-Steiger gegründete Basler Frauenverein zur Hebung der Sittlichkeit entstehen sollte, waren Vorstandsmitglieder der Freundinnen junger Mädchen.

Am Anfang der Basler Karriere von Lily Zellweger-Steiger als Gründerin und Präsidentin des grössten und einflussreichsten Basler Frauenvereins vor dem Ersten Weltkrieg stand also die Auseinandersetzung mit demjenigen Problem, welches ihr persönlich zeitlebens das wichtigste Anliegen war: die Beseitigung der *doppelten Moral*, welche die sexuelle Verfügbarkeit der Frau für den Mann, sei es als Prostituierte oder Untergebene, sei es in der Ehe unter dem Deckmantel der *ehelichen Pflichten*, rechtfertigte. Die fürsorgerische Arbeit des Basler Frauenvereins zur Hebung der Sittlichkeit entstand aus der Solidarität mit den Opfern der *doppelten Moral*: unverheirateten Müttern und Prostituierten. Was Lily Zellweger mit dem Begriff der *doppelten Moral* meinte, lässt sich am besten erklären, wenn wir uns kurz die rechtliche Situation der Prostituierten in Basel um die Jahrhundertwende vergegenwärtigen.

Strafrechtlich verfolgt wurde nur die Kuppelei, worunter die *gewohnheitsmässig oder aus Eigennutz* betriebene *Vermittlung* oder *Verschaffung* von *Gelegenheit der Unzucht* verstanden wurde. Die Prostitution selbst war kein strafrechtlicher Tatbestand, sondern wurde polizeigerichtlich verfolgt: *Jede Dirne, ob Strichdirne oder Ladenmädchen, ob Niedergelassene, Schweizerin oder Ausländerin, wird ohne Weiteres verhaftet und gewöhnlich zunächst administrativ zwei Tage getürmt (in Haft gesetzt, sj); kommt sie zum zweiten Mal, so wird sie drei Tage und nach Verbüssung dieser Zeit entweder heimtransportiert, oder nach dem Ausland abgeschoben. Kommt sie ein drittes Mal, so erfolgt Verzeigung an das Polizeigericht, und wenn auch dieses mehrere Strafen über die gleiche Dirne verhängt hat, die Versorgung in einer Zwangsarbeitsanstalt.* Als Dirnen wurden angesehen: *Weiber, die auf offener Strasse unbekannte Männer ansprechen und sie zur Unzucht einladen,* und *Weiber, welche von Zeugen denunziert werden.* Die Männer, welche die Dirnen engagierten, wurden zwar bei der Verhaftung der Dirne einer Befragung unterzogen, hatten aber keinerlei Sanktionen zu befürchten und gaben meist bereitwillig Auskunft. Auf Wunsch behielten die Behörden ihren Namen geheim. Die Frau hingegen galt gewöhnlich durch die freimütige Aussage des Mannes, welche für ihn keine weiteren Folgen hatte, als überführt ohne gerichtliche Anhörung und Verurteilung. Die Kunden der Dirne wurden auch nie auf Geschlechtskrankheiten untersucht. Hingegen musste sich jede unter Verdacht auf Prostitution festgenommene Frau zwangsweise einer Untersuchung auf Geschlechtskrankheit unterziehen. War der Befund positiv, konnte sie bis zu ihrer Heilung im Bürgerspital oder auf dem Lohnhof festgehalten werden. War sie transportfähig, wurde sie in der Regel in ihre Heimatgemeinde gebracht, wo man für ihre Pflege aufkommen musste.

Das Tun der *Freier* wird weder moralisch noch rechtlich verurteilt, ihre freimütigen Aussagen sind sogar der direkte Ausgangspunkt der polizeilichen Verfolgung der Frau. Das Missverhältnis zwischen der diskreten Behandlung des beteiligten Mannes und der polizeilichen Verfolgung, welche einseitig nur der sich prostituierenden Frau gilt, die bezeichnenderweise alleine für die Übertragung der Geschlechtskrankheiten verantwortlich gemacht wird, die einseitige moralische Verurteilung und soziale Ausgrenzung, welche auch nur die Frau trifft, das ist, was Lily Zellweger-Steiger als *doppelte Moral* bezeichnet. Den Männern wird also von Gesetzes wegen zugestanden, was die bürgerliche Moral der Frau abspricht: die aussereheliche Sexualität. Lily Zellweger-Steiger redete nicht der freien Sexualität das Wort, sondern forderte, dass für Mann und Frau die gleichen Normen zu gelten hätten. Sexualität war für sie nur in der Ehe denkbar und diente ausschliesslich der Fortpflanzung. Wurde von der Frau *Reinheit* und *Selbstbeherrschung* verlangt, so sollte dies auch für den Mann gelten, der damit auch seine Achtung vor der Frau als Person zum Ausdruck bringen sollte. Alle Frauen hatten Anspruch auf die Anerkennung ihrer menschlichen Würde, nicht nur die Frauen der eigenen sozialen Gruppe. Damit griff Lily Zellweger-Steiger aber auch die *doppelte Moral* der bürgerlichen Frauen an, die die *gefallenen* Dienstmädchen entliessen und sich über die Prostituierten empörten, dabei aber geflissentlich darüber hinwegsahen, dass ihre Ehemänner und Söhne den Hausangestellten nachstellten und die Dienste von Prostituierten in Anspruch nahmen. Ihrer Ansicht nach versäumten es diese Frauen auch, ihre Söhne zur Achtung der weiblichen Person zu erziehen als Teil der sexuellen Aufklärung, wie dies Lily Zellweger-Steiger zwar verhalten, aber doch sehr klar im Kollektenblatt zu *Mutterpflicht und Wahrheit* fordert. Sie wehrte sich deshalb auch gegen ein Verständnis der *ehelichen Pflichten*, welches einseitig dem Mann eine Art Verfügungsrecht über den Körper der Ehefrau zuspricht, ohne Rücksicht auf ihre Wünsche und Bedürfnisse: *wie oft nehmen es ihnen ihre Männer noch bitter übel, wenn wieder ein neuer Zuwachs in die Familie kommt, ohne zu bedenken, dass ein Kind nicht nur einer Mutter, sondern in erster Linie einem Vater das Leben verdankt.* Die religiösen Überzeugungen von Lily Zellweger-Steiger schlossen es aus, Liebe und Sexualität ausserhalb der Ehe und Fortpflanzung zuzulassen. Das war und blieb *Sünde*, weshalb sie auch jede Form der Empfängnisverhütung ablehnte.

Der Kampf für die Würde und Selbstachtung der Frau veranlasste Lily Zellweger-Steiger, sich gegen die öffentliche Ausstellung von Bildern von Arnold Böcklin zu wehren oder gegen die Anbringung einer nackten Männerstatue an der Aussenfront des Badischen Bahnhofes zu kämpfen. Was für uns heute nur noch Prüderie ist und kaum mehr verständlich, trug ihr auch damals nur Spott und Hohn ein. Es dürfte aber nur wenigen Frauen in Basel die Ehre widerfahren sein, als Tambourmajor einen Fasnachtszug anzuführen: denn nur **eine** Frau konnte in Basel 1913 als die *Göttin der Sittlichkeit* apostrophiert werden. Leider hat sich nur eine schriftliche Beschreibung des Zuges des Central-Clubs erhalten, so dass eine sichere Identifikation heute nicht mehr möglich ist. Die Herisauerin, die sich in Basel nie richtig heimisch fühlte, hat wohl diese Basler Achtungsbezeugung kurz vor ihrem Tod nicht recht verstehen können. Der Spott ging ihr zu nahe, weil ihr das Anliegen zu wichtig war.

Quellen:

Bericht des Polizeiinspektors an das Polizeidepartement vom 20. Februar 1912, Staatsarchiv Basel, PD-Reg 1 1950 2201 II.Teil (1912–1922), (zitiert nach Nicole Zumkehr, *Prostitution in der Stadt Basel am Ende des 19. Jahrhunderts,* S. 12)

Fasnachtszettel, Staatsarchiv Basel, Straf und Polizei, F 9a: Fasnachtsliteratur 1913

Zellweger Lily, Kollektenblätter des Verbandes deutschschweizerischer Frauenvereine zur Hebung der Sittlichkeit Nr. 1, 2, 4-8, 13, 19, 21, 22, 27; Staatsarchiv Basel, Privatarchiv 882, Basler Frauenverein

Zellweger Otto, *Frau Pfarrer Zellweger. Ein Lebensbild*, Basel, 1915

Literatur:

Janner Sara, *«Wenn man den Frauen das reden verbietet, zwingt man sie dazu, das Frauenstimmrecht zu verlangen». Basler Bürgersfrauen zwischen Familie, Öffentlichkeit und Politik. Die Gründung und Entwicklung des Basler Frauenvereins zur Hebung der Sittlichkeit bis zum Ersten Weltkrieg (1892–1914)*, Basel, 1992 (Lizentiatsarbeit)

Lauper Franziska, *Versteckte Wege der Prostitution in Basel*, in; *Quergängerin I: Frauenarbeit*, Hg. historischer Frauen-Stadtrundgang, Basel, 1991

Zumkehr Nicole, *Prostitution in der Stadt Basel am Ende des 19. Jahrhunderts. Darstellung der Organisations- und Erscheinungsformen anhand des Deliktes Kuppelei*, Basel, 1992 (Lizentiatsarbeit)

6. Einsatz für alleinstehende Mütter und ihre Kinder: Anna Herzog-Widmer (1857–1941)

Anna Herzog-Widmer kam im Frühjahr 1899 mit ihren drei Kindern nach Basel. Sie stammte aus dem thurgauischen Wigoltingen, hatte 1881 einen Pfarrer geheiratet und war nach Wolfhalden in Appenzell-Ausserrhoden übersiedelt. Nach dem unerwarteten

Tod ihres Mannes im Sommer 1898 befand sich die junge Pfarrerswitwe in einer sehr schwierigen Situation: sie hatte zwar ein kleines Vermögen, aber kein gesichertes Einkommen, keine Pension, keine Witwen- und Waisenrente, auch das Pfarrhaus musste sie verlassen. Geschwister, welche in Basel lebten, halfen ihr. Ein alleinstehender Bruder nahm sie und ihre Kinder bei sich auf. Der Kontakt mit der Familie einer älteren Schwester erleichterte es Anna Herzog-Widmer und ihren Kindern, sich in der ungewohnten städtischen Umgebung einzuleben. Sie schloss sich dem liberalen Frauenverein der Leonhardsgemeinde an und wurde später in die Arbeitsschulkommission der Mädchensekundarschule gewählt. Wahrscheinlich lernte sie in dieser Kommission Maria Barbara Richter-Bienz kennen, welche seit Januar 1904 die vom Frauenverein zur Hebung der Sittlichkeit gegründete Jugendfürsorge leitete. Bereits im April 1905 wurde Anna Herzog-Widmer Mitglied des sogenannten Stadtcomité des Frauenvereins.

Eines der zentralen Anliegen des Stadtcomité war die Betreuung unverheirateter Mütter und ihrer Kinder. Diese gestaltete sich aus rechtlichen Gründen ausserordentlich schwierig. War die Mutter des Kindes nicht bereit, innerhalb von drei Monaten eine Vaterschaftsklage einzureichen, verlor sie jede Möglichkeit, zu irgendeinem späteren Zeitpunkt Unterhaltsansprüche an den Vater zu stellen. Viele Männer fanden die Frauen mit einer einmaligen Entschädigung ab oder hielten sie innerhalb dieser Frist mit Versprechungen hin. Probleme konnten auch entstehen, wenn der Mann zwar zunächst zahlte und die Frau auf die Angabe des Namens des Kindsvaters bei der Registrierung sowie eine Vaterschaftsklage verzichtete, der Mann aber später die Zahlungen einstellte. Die Frau konnte keine Ansprüche mehr geltend machen. Deshalb drängte der Frauenverein, auf jeden Fall eine Vaterschaftsklage einzureichen, um die Alimentationsansprüche zu sichern. Aber auch bei einer Verurteilung konnten die Ansprüche der Frau nur schwer durchgesetzt werden, da meist ein Ortswechsel genügte, um sich den Folgen des Urteils zu entziehen. Es kam deshalb immer wieder vor, dass junge Mütter ihre Kinder zunächst einer Pflegefamilie übergaben, das Kostgeld eine Zeitlang zahlten und dann verschwanden, da sie nicht mehr für den Unterhalt des Kindes aufkommen konnten oder wollten. Um die Rechte der Kinder zu schützen machte das Stadtcomité deshalb im April 1906 eine Eingabe an das Waisenamt, in welcher ein Amtsvormund für die unehelichen Kinder gefordert wurde, welcher vom Moment der Geburt die Vormundschaft über das Kind innehatte. Das Waisenamt ging nicht auf die Eingabe ein, da die gesetzlichen Grundlagen dazu fehlten. Hingegen machte der Vorsteher des Sanitätsdepartements dem Stadtcomité das Angebot, das Stadtcomité könne die Aufsicht über alle Pflegekinder in Basel übernehmen. Die Überwachung der Pflegorte und der Pflegkinder war durch die am 25. August 1906 erlassene *Verordnung betreffend das Halten von Schlaf- und Kostgängern, Zimmermietern und Pflegkindern* nötig geworden, welche das Halten von Kostkindern bewilligungspflichtig machte und der Aufsicht des Sanitätsdepartements unterstellte. Lily Zellweger-Steiger, die Präsidentin des Frauenvereins, nahm das Angebot an und übertrug den Aufbau und die Leitung des Pflegekinderwesens Anna Herzog-Widmer.

Die Überwachung der Pflegekinder ging weit über die bisherige Tätigkeit des Stadt-comité hinaus. Nicht nur alleinstehende geschiedene und verwitwete Frauen, auch verheiratete Frauen gaben ihre Kinder in Pflegefamilien, um einer Erwerbstätigkeit nachgehen zu können oder weil die Wohnverhältnisse oder Erziehungsprobleme dies nötig machten. Der Anteil der unehelichen Kinder machte in den ersten Jahren immerhin rund die Hälfte aller Fälle aus, nahm dann aber langsam ab. Andererseits suchten viele Frauen *eine Art Hausverdienst in der bösen Winterszeit, oder wenn die Fabrikarbeit aufgegeben werden muss*, indem sie Kinder in Kost nahmen. Zwar war das Pflegekinderwesen der einzige Zweig des Basler Frauenvereins, welcher einen staatlichen Auftrag hatte, aber dieser staatliche Auftrag war rechtlich in keiner Weise abgesichert, da der Anspruch des Basler Frauenvereins auf die alleinige Oberaufsicht über alle Pflegekinder in Basel weder in der Verordnung noch in den Ausführungsbestimmungen festgehalten war. Die Unsicherheit der rechtlichen Position hatte auch Rückwirkungen auf die ohnehin schwierige fürsorgerische Arbeit, welche die nicht immer übereinstimmenden Interessen der Kindsmutter, der Pflegemutter und des Kindes miteinander in Einklang zu bringen hatte, weil das vereinsinterne Reglement seine laut der Verordnung in erster Linie sanitarische Aufsichtspflicht sehr extensiv auslegte. Der Jahresbericht des Plegekinderwesens für das Jahr 1912 nennt die folgenden Aufgaben:

a) *Untersuchung und Kontrolle der vom Sanitätsdepartement bewilligten und der Aufsichtskommission des Pflegekinderwesens angemeldeten Pflegeorte.*

b) *Vermittlung von Kostortadressen, Plazierung von Plegekindern.*

c) *Aufsicht über das geistige und leibliche Befinden der Pflegekinder durch freiwillige Hilfskräfte.*

d) *Untersuchen von Klagen über ungenügende Verpflegung, Misshandlung, sittliche Verwahrlosung, Ausfall des Kostgeldes, Mangel an Kleidchen, Betten usw. durch Beamtinnen (womit ganz offensichtlich die Sekretärinnen des Vereins gemeint sind, deren Lohn zwar vom Sanitätsdepartement bezahlt wurde, die aber vom Verein angestellt waren, also keinen Beamtenstatus hatten, sj).*

e) *Beratung und Unterstützung alleinstehender Mütter legitimer oder illegitimer Kinder.*

f) *Einleitung der Vaterschaftsklagen behufs Festsetzung eines Unterhaltsbetrages.*

g) *Vermittlung zweckmässiger Versorgung kränklicher Pflegekinder.*

h) *Versorgung von Kindern in Anstalten oder Überweisung an Heimatgemeinden, in Fällen, wo die natürlichen Ernährer versagen.*

Anna Herzog-Widmer teilte die zu beaufsichtigenden Pflegeorte nach einem bereits in der Jugendfürsorge erprobten System in *Rayons* ein, deren Betreuung einer ehrenamtlichen *Aufsichtsdame* übergeben wurde, welche als Beglaubigung eine vom Sanitätsdepartement ausgestellte Ausweiskarte erhielt. Die Aufsichtsdame bestimmte die Grösse des ihr zugewiesenen Rayons selbst, indem sie die Zahl der Kinder angab, die sie besuchen konnte. Durchschnittlich umfasste ein Rayon 15 bis 20 Kinder: *Die Damen besuchen ihre Pfleglinge mindestens 4 mal, Säuglinge und kranke Kinder 6 mal per*

Jahr ... *Über jeden Pflegling wird beim ersten Besuch ein Berichtsformular ausgefüllt und der Vorsteherin eingesandt. Bei wiederholten Besuchen, wenn sich inzwischen im Befinden und Verhalten des Pflegortes und des Pflegkindes nichts geändert hat, wird schriftlich das Datum des gemachten Besuches mitgeteilt. An Hand dieser schriftlichen Berichte sind wir in den Stand gesetzt, über jedes Pflegkind die oft gewünschte Auskunft an Waisenamt, Armenamt oder an andere Behörden zu geben.* Anna Herzog-Widmer besorgte mit einer, später zwei Fürsorgerinnen die Vermittlungen und ging den Klagen und Beanstandungen nach, welche von Seiten der Aufsichtsdamen, der Pflegeltern oder den Kindsmüttern kamen. Da es ihr bewusst war, dass viele Frauen auf den kleinen Nebenerwerb angewiesen waren und ihr die Kinder in einer Familie auf jeden Fall besser aufgehoben schienen als in einer Armenanstalt, handhabte Anna Herzog-Widmer die Vorschriften möglichst grosszügig. Sie schreibt selbst: *Ordnung und Reinlichkeit lässt an vielen Pflegorten zu wünschen übrig, wenn die Kinder aber doch mit Liebe verpflegt und ausreichender Nahrung versorgt werden und wir dabei wissen, dass sie bei den eigenen Eltern noch weniger gut aufgehoben wären, so dürfen wir nicht allzustreng vorgehen.* Grosse Probleme entstanden vor allem aus der Vorschrift, dass jedes Pflegkind ein eigenes Bett haben müsse: *Wir begegnen oft Pflegeltern, bei denen dieser Forderung nicht nachgekommen wird und das aus verschiedenen Gründen. Meistens hindert sie Armuth an der Anschaffung eines Bettes und das Pflegkind theilt das Bett mit der Pflegmutter oder mit grösseren Kindern. Wir berücksichtigen in diesen Fällen die Verhältnisse.* Mit dieser Ansicht stiess Anna Herzog-Widmer sicher nicht nur auf Zustimmung im Frauenverein, da gerade positive, mit der Stadtmission verbundene Kreise ausserordentliche Mühe hatten, die aus der Not geborenen und von anderen Lebensumständen geprägten Schlafsitten der städtischen Unterschicht nicht als *unsittlich* anzuzeigen. Viele Pflegeltern klagten auch über den Mangel an Kleidern, besonders bei unehelichen Kindern: *Diese Klage ist gewiss am meisten gerechtfertigt. Die illegitimen Mütter haben schwer zu thun, das Kostgeld aufzubringen, und da fehlt ihnen das Geld für Anschaffung von Kleidern.* Das grosse Problem blieb aber die Zahlung des Kostgeldes: *Der wunde Punkt, an dem oft das Wohl und Weh eines armen Geschöpfchens abhängt, bildet stets die Kostgeldfrage. Wir zählen in unserer Statistik 232 Fälle, in denen die illegitime Mutter oder auch vom Mann geschiedene allein das Kostgeld bestreiten muss und es auch mit Aufbietung aller Kräfte thut, dagegen haben wir nur 15 Väter, die für den Unterhalt ihres Kindes sorgen. Ein schreiender Gegensatz zu den 356 illegitimen Kindern!* Da der Frauenverein aus finanziellen Gründen, aber auch aus grundsätzlichen Überlegungen in solchen Fällen die Kostgeldzahlungen nicht übernehmen wollte, blieben nur zwei Möglichkeiten: eine Familie übernahm die Pflege des Kindes ohne Entgelt, oder das Kind musste in die Heimatgemeinde der Mutter *abgeschoben* werden. Dies veranlasste Anna Herzog-Widmer, 1914, als auch die Einführung des Amtsvormundes 1911 den Pflegemüttern keinen vom Staat garantierten Anspruch auf das Kostgeld gebracht hatte, zu der Äusserung: *Eine zu geringe Bewertung der Frauenarbeit, der Führung des Haushaltes, der Erziehung der Kinder, seitens der Männerwelt hemmt vielfach die*

Entwicklung und Lösung dieser Frage. Es herrscht irrtümlicherweise die Ansicht, dass Ernährung, Pflege und Erziehung eines Kindes so nebenbei gehe, ohne grossen materiellen und geistigen Kräfteaufwand.

Quellen:

Akten Pflegekinderwesen des Sanitätsdepartements, Staatsarchiv Basel, Niederlassungen, H 5,1: Kostkinder überhaupt, Pflegekinderwesen

Erinnerungen an Anna Herzog-Widmer von Susanna Woodtli-Löffler, Manuskript (freundlicherweise zur Verfügung gestellt von Frau Dr. Susanna Woodtli)

Jahresberichte Pflegekinderwesen, Staatsarchiv Basel, Privatarchiv 882: Basler Frauenverein am Heuberg

Lebensbild von Anna Herzog-Widmer, verfasst von Anna Löffler-Herzog, gedruckt, um 1941/42 (freundlicherweise zur Verfügung gestellt von Frau Dr. Susanna Woodtli)

Protokolle des Stadtcomité, Staatsarchiv Basel, Privatarchiv 882: Basler Frauenverein am Heuberg

‹Zellweger Lily›, *Die Ärmsten unseres Volkes*, Kollektenblatt des Verbandes deutschschweizerischer Frauenvereine zur Hebung der Sittlichkeit Nr. 19

Literatur:

Woodtli Susanna, *Gleichberechtigung. Der Kampf um die politischen Rechte der Frau in der Schweiz*, Frauenfeld, 2. erweiterte Auflage 1983

Janner Sara, *«Wenn man den Frauen das reden verbietet, zwingt man sie dazu, das Frauenstimmrecht zu verlangen». Basler Bürgersfrauen zwischen Familie, Öffentlichkeit und Politik. Die Gründung und Entwicklung des Basler Frauenvereins zur Hebung der Sittlichkeit bis zum Ersten Weltkrieg (1892–1914)*, Basel, 1992 (Lizentiatsarbeit)

Zellweger Laurenz, *Die Stellung des ausserehelichen Kindes nach den Basler Rechtsquellen*, Basel, 1947 (Dissertation)

7. Der Katholische Frauenbund: Emilie Gutzwiller-Meyer (1868–1929)

Emilie Gutzwiller-Meyer stammte aus einer wohlhabenden katholischen Kaufmannsfamilie aus Basel. Prägenden Einfluss hatte wohl der Basler *Kulturkampf* in ihrer Jugendzeit. Die revidierte Verfassung von 1875, welche neben der reformierten Landeskirche eine christkatholische Landeskirche schuf, zwang die römisch-katholische Gemeinde, sich weiterhin als privater Verein zu konstituieren. Dazu kam der Kampf um die katholische Schule, welche 1884 geschlossen werden musste. Ihre Erziehung glich derjenigen vieler *Töchter aus gutem Haus*: nach fünf Jahren Volksschule besuchte sie eine private Töchterschule am Totengässlein und wurde anschliessend nach Freiburg im Uechtland für zwei Jahre in ein Mädchenpensionat geschickt. Nach ihrer Rückkehr half sie ihrer Mutter bei der Haushaltsführung und erhielt Klavier- und Gesangsunterricht. Diese Ausbildung entsprach nicht ihren tatsächlichen Möglichkeiten: *Von sich selbst dachte sie eher zu gering. Zeit ihres Lebens bedauerte sie ihre mangelhafte Ausbildung.* Im Elternhaus lernte sie 1886 ihren späteren Ehemann kennen, einen Geschäftsfreund des Vaters. Da sie bei der Verlobung erst achtzehn Jahre alt war, musste sie bis zu ihrer Heirat im September 1888 ins Pensionat zurück. Nach ihrer Verheiratung setzte ihre Tätigkeit in leitender Position in den katholischen Frauenvereinen von Basel ein, da ihr um fünfzehn Jahre älterer Mann unter anderem über zwei Jahrzehnte als Präsident der römisch-katholischen Gemeinde vorstand und das Präsidium des Vinzenzvereines innehatte. Sie beschränkte sich lange auf den traditionellen Rahmen der weiblichen Hilfstätigkeit innerhalb der von einem Geistlichen geleiteten Pfarrei. Emilie Gutzwiller-Meyer beteiligte sich zunächst an dem von Frau Hauser-Ammans gegründeten *Montagsverein*, der sich 1888 als römisch-katholischer Frauenverein ins Adressbuch eintragen liess. Die Frauen *arbeiteten für die Armen, für die Sonntagsschule und halfen gerne, wo sie gerade helfen konnten.* Ihr grosses Organisationstalent und diplomatisches Geschick wurden deutlich, als sie die Durchführung des jährlichen Bazars des Vinzenzvereins übernahm, eines gesellschaftlichen Grossanlasses, welcher in einem Zunftsaal stattfand und dessen Ertrag für die römisch-katholische Gemeinde finanziell unentbehrlich war.

Bis 1891, als der Verein Schweizerischer Katholischer Lehrerinnen gegründet wurde, gab es keine regionale oder nationale katholische Frauenorganisation. Erst 1897 folgte die Gründung des Internationalen Katholischen Mädchenschutzverbandes, der katholischen Parallelorganisation der Freundinnen junger Mädchen. Diese Situation war eine direkte Folge der kanonischen Vorschrift, dass ein **katholischer** Frauenverein unter der Leitung eines männlichen Präses, meist des Geistlichen der zuständigen Pfarrei, zu stehen hatte. Dem Internationalen katholischen Mädchenschutzverband kam bei der Entstehung des Schweizerischen katholischen Frauenbundes, dem Dachverband aller katholischen Frauenorganisationen, eine zentrale Rolle zu, da er seinen Mitgliedern die Lösung aus der engen Bindung der Frauenvereine an die Pfarreien und den lokalen Rahmen ermöglichte. Die erste Präsidentin der Basler Sektion, Frau Feigenwinter-von Blarer, veranlasste 1903 Emilie Gutzwiller-Meyer zum Eintritt in den Vorstand. Nach dem Tod von Frau Feigenwinter-von Blarer übernahm Emilie Gutzwiller-Meyer das Präsidium des Basler Mädchenschutzvereines und erhielt dadurch Einsitz im Zentralvorstand. Damit waren die Voraussetzungen geschaffen, dass sie in die Bemühungen führender katholischer Frauen, an erster Stelle der Zentralpräsidentin des Mädchenschutzvereins, Madame de Montenach, einen Dachverband der katholischen Frauenvereine zu schaffen, miteinbezogen werden konnte.

Nicht nur der Mangel an Organisation der katholischen Frauen motivierte zur Gründung des Katholischen Frauenbundes, auch die durchaus begründete Angst, gerade die engagiertesten Katholikinnen an die beiden grossen, konfessionell neutralen Dachverbände der schweizerischen Frauenvereine zu verlieren: den 1888 gegründeten Schweizerischen Gemeinnützigen Frauenverein und den 1900 entstandenen Bund Schweizerischer Frauenvereine. Diese Beunruhigung wurde von der männlichen Leitung der verschiedenen katholischen Organisationen geteilt, welche sich 1904 im Schweizerischen Katholischen Volksverein zusammengeschlossen hatten. Ein erster Versuch, 1905 eine selbständige katholische Frauenorganisation parallel zum katholischen Volksverein zu schaffen, scheiterte, nicht zuletzt am Widerstand klerikaler Kreise, welche die Gründung eines weiblichen Dachverbandes als Eingriff in den eigenen Kompetenzbereich betrachtete. Entscheidend für die Gründung des Katholischen Frauenbundes wurde der am 12. und 13. September 1910 in Basel abgehaltene erste Schweizerische Caritas-Kongress, an welchem Emilie Gutzwiller-Meyer die Gelegenheit benutzte, um der Ungeduld katholischer Frauen über das Fehlen einer eigenen Organisation Ausdruck zu geben: *Ich habe nur den einen Wunsch, den Wunsch, der sich wie ein roter Faden durch all das Gesagte zieht: es möge unverzüglich zur eigentlichen Gründung des jetzt mehr theoretisch als praktisch bestehenden Frauenbundes geschritten werden, es möge dieses Zentralkomitee sich mit dem Volksverein in Verbindung setzen zu sofortiger energischer Anhandnahme einer festen Organisation, gemeinsame Vorbereitung der Statuten, Rücksprache mit sämtlichen Präsidentinnen und Zentralpräsidentinnen der lokalen, kantonalen und schon zentral organisierten Vereine, Abhaltung einer Generalversammlung mit der endlichen definitiven Konstitution.* Ihre Rede führte zu erregten Diskussionen unter den Frauen und hätte fast die sofortige Konstitution eines Initiativcomité verursacht, welche dann aber doch erst im November 1911 erfolgte. Im Mai 1912 am ersten Delegiertentag in Luzern folgte die Gründung des Schweizerischen Katholischen Frauenbundes. Da die Delegierten mehrheitlich aus der deutschen Schweiz stammten, wurde Emilie Gutzwiller-Meyer erste Zentralpräsidentin, nicht die eigentliche Initiantin, die Freiburgerin de Montenach. Emilie Gutzwiller-Meyer war so während einigen Jahren gleichzeitig Zentralpräsidentin und Sektionspräsidentin in Basel.

Bedeutete die Schaffung einer nationalen katholischen Frauenorganisation einen grossen Erfolg, zeigten sich auf lokaler Ebene in der Basler Sektion schnell die Grenzen der neugewonnenen Selbständigkeit und der damit bewusst vollzogenen Abgrenzung von den anderen Basler Frauenvereinen, welche bis zum Ende des Ersten Weltkrieges zu einer eigentlichen Isolierung der Katholikinnen führte. Im Oktober 1916 wurde der Beitritt zur Frauenzentrale abgelehnt, weil eine früher durchaus mögliche, wenn auch schwierige interkonfessionelle Zusammenarbeit in Sachfragen aus religiösen Gründen nun unmöglich schien: *Fräulein Niederhauser betont ganz richtig, wir dürfen und müssen z.B. in religiösen Fragen konfessionell sein. So kann der Frauenbund z.B. die Frage der Berufsberatung nicht auf dem Wege der Humanität, sondern nur auf der Grundlage und nach den Gesetzen unserer heiligen Religion lösen.* Auch das Zusammengehen bürgerlicher Frauen in der Stimmrechtsfrage wurde dadurch verhindert, wie die Reaktion auf die Einrichtung von staatsbürgerlichen Kursen durch den Sozialen Zweig des Basler Frauenvereins im Juni 1917 zeigt: *Die Frau Präsidentin hat in dieser tiefgreifenden Frage Rat von Herrn Hochwürden Pfarrer Mäder eingeholt, nach dessen Wegleitung wird sich der Frauenbund an den jeweiligen Sitzungen oder Versammlungen einfinden, um Einsicht in den Kurs der Bewegung zu haben, um auch unsere Frauen und Töchter orientieren und möglicherweise warnen zu können. Nach katholischer Lehre steht 1. die Bildung der Frau unter der Leitung der Kirche, 2. ist das Stimmrecht der Frau zuwider der Lehre unserer heiligen Religion.* Die Zusammenarbeit mit nichtkatholischen Frauenvereinen nahm in dem Masse ab, wie die Organisation der katholischen Frauen sich verbesserte und die Politik der Männer das Handeln der Frauen bestimmte.

Nach den ersten organisatorischen Erfolgen wurden die Schwierigkeiten im Innern deutlich. Zwar hatten sich alle 17 katholischen Frauenvereine Basels dem Frauenbund angeschlossen, aber es gab auch Widerstand gegen die straffe zentrale Führung durch Emilie Gutzwiller-Meyer. Dahinter stand der hartnäckige Widerstand einzelner Geistlicher gegen eine selbständige Organisation der Frauen. Selbständigkeit konnte nur sehr vorsichtig verlangt werden: *Ferner bemerkt Frau Gutzwiller, dass Paragraph 12 der Statuten vorschreibe, die Geistlichkeit sei auch zu den Vorstandssitzungen einzuladen. Sie ist nun der Ansicht, man solle diesen die Frage vorlegen, ob sie darauf verzichten.* Lehnte der Frauenbund noch im November 1916 einen Anschluss an die Basler Sektion des Katholischen Volksvereines ab, da man *die 5 Cts Mitgliederbeitrag, die wir erhalten, nicht noch teilen* könne, trat der Frauenbund im März 1918 doch noch bei: *Des Weiteren teilt Frau Gutzwiller die Gründung einer Charitassektion (im Volksverein, sj) mit, die ihre Mittel von einer Sammelwoche erhalten soll, mit denen sie charitative Werke gründen und erhalten wird.* Dieser Entscheidung gingen verschiedene Konflikte mit der Vorsteherschaft der Gemeinde und einigen Geistlichen voraus, was Emilie Gutzwiller-Meyer zu der bitteren Feststellung veranlasste: *Es ist sehr zu bedauern, dass der sozialen Tätigkeit des Frauenbundes so wenig Verständnis entgegen gebracht wird von leitender Stelle.* Der Katholische Volksverein schien hingegen an mehr Selbständigkeit der Frauen interessiert zu sein: *Herr Dr. Joos, Kantonalpräsident des Volksvereins, hält eine Frauenversammlung mit Referat «Frauenstimmrecht» für notwendig und zweckmässig, um die Stimmung der Frauen kennenzulernen. Die Geistlichkeit verhält sich hiezu ablehnend.* Anders als den Männern fiel es den Frauen aber viel schwerer, eine von der Geistlichkeit unabhängigere eigene Politik zu wagen.

Quellen:

Protokolle des Vorstandes des Katholischen Frauenbundes Basel-Stadt 1912–1918, Archiv des Katholischen Frauenbundes Basel-Stadt

Der Schweizerische Katholische Frauenbund 1912–1927, Druck der Verlagsanstalt Benziger & Co. A.G., Einsiedeln, ohne Datum (um 1927/28), Archiv des Katholischen Frauenbundes Basel-Stadt

Überschlag Emma, *Frau Emilie Gutzwiller-Meyer (1868–1929)*, Luzern, 1934/35 (Diplomarbeit Schweizerische Sozial-caritative Frauenschule Luzern), Archiv des Katholischen Frauenbundes Basel-Stadt

Literatur:

Altermatt Urs, *Katholizismus und Moderne*, Zürich, 1989

Gantner Theo, *Volkskundliche Probleme einer konfessionellen Minderheit, dargestellt an der römisch-katholischen Diaspora der Stadt Basel*, Winterthur, 1970 (Dissertation Basel)

Künstle Daniel, *Im Vertrauen auf die Vorsehung. 150 Jahre Lindenbergschwestern in Basel*, Arlesheim, 1993

Mutter Christa, *Frauenbild und politisches Bewusstsein im Schweizerischen Katholischen Frauenbund. Der Weg des SKF zwischen Kirche und Frauenbewegung*, Freiburg im Uechtland, 1987 (Lizentiatsarbeit)

Prodolliet Simone, *«Gebt mir katholische Töchter und Mütter, und ich werde mit ihnen die Welt erobern» (Leo XIII.)*, in: *Auf den Spuren weiblicher Vergangenheit*, «Itinera», Nr. 2/3, 1985, S. 5–21

V. Blicke auf Frauen und Frauenvereine im 19. Jahrhundert

1. Eine Entwicklung in 30 Bildern

Wie Texte können auch Bilder als Quellen dienen, um die Stellung der Frauen innerhalb und ausserhalb der Familie zu untersuchen und die Hintergründe der Entstehung der Frauenvereine und ihrer Entwicklung in Basel im 19. Jahrhundert auszuleuchten. Der in dieser Zeit entstandenen Photographie kommt ein besonderer dokumentarischer Wert zu wegen ihrer relativen Nähe zu einer für uns heute verlorenen Wirklichkeit. Wie bei Texten erschliesst sich der historische Gehalt eines photographischen Bildes aber nur demjenigen Betrachter, der sich kritisch mit den Umständen der Entstehung der Aufnahme auseinandersetzt. Eine Photographie gibt nie unmittelbar die Wirklichkeit wider. Wie ein Gegenstand oder eine Person schliesslich in der Photographie sichtbar wird, hängt vom Aufnahmegerät, vom technischen Können und dem gestalterischen Willen des Photographen, vom Auftraggeber, aber auch vom Dargestellten ab, sei es ein lebloser Gegenstand, ein Tier oder ein Mensch. In die Analyse müssen auch die zur photographischen Aufnahme gehörige materielle Kultur und die damit verknüpften sozialen Verhaltensformen miteinbezogen werden. Photographien können zum Beispiel Teil der Wohnungsausstattung oder des Vereinslokals sein, als Visitenkarte dienen oder wissenschaftliche Arbeiten illustrieren. Photos von Familienangehörigen und wichtigen familiären Ereignissen werden in Alben gesammelt und in bestimmten Momenten gemeinsam betrachtet oder an entfernt wohnende Verwandte als Erinnerungsbilder geschickt. In beiden Fällen kommt der Photographie eine wichtige soziale Funktion zu innerhalb der Familie: Sie schafft den Familienzusammenhalt und überwindet die lokale und zeitliche Distanz.

Die schweren Apparaturen und die langen Belichtungszeiten schliessen es im 19. Jahrhundert sehr lange aus, spontan Aufnahmen zu machen. Die grosse Mehrheit der von mir ausgewählten Photos sind deshalb im Studio des Photographen entstanden oder ausserhalb des Studios am vom Auftraggeber gewünschten Ort arrangiert worden. Erst nach der Jahrhundertwende scheinen die ersten kleineren Handapparate es auch Photoamateuren möglich zu machen, ohne grösseren Aufwand zu photographieren. Wegen der hohen Kosten ist die photographische Aufnahmetechnik zudem lange nur der Oberschicht zugänglich, sei es als Auftraggeber von Berufsphotographen, sei es als Amateurphotographen. Die frühe Arbeiterphotographie spezialisierte sich deshalb auf die in hohen Auflagen in Postkartenformat vertriebenen Aufnahmen von wichtigen Persönlichkeiten und Anlässen der Arbeiterbewegung. Aufnahmen von diesen politischen Anlässen und Vertreterinnen und Vertretern der Basler Arbeiterbewegung scheinen aber nicht zu den in Basel besonders gepflegten Sammelgebieten der verschiedenen öffentlichen Bildarchive zu gehören. Jedenfalls ist es mir nicht gelungen, Porträts der Präsidentinnen der verschiedenen Arbeitervereine zu finden.

Die 30 von mir ausgewählten Aufnahmen sind so angeordnet, dass wesentliche Elemente der von mir auf den vorhergehenden Seiten beschriebenen Entwicklung sichtbar werden. Die ersten beiden Aufnahmen stehen für die *Pfarrfrau* und die *Stifterin*, den Ausgangspunkt der Vereinsgeschichte. Darauf folgen Aufnahmen, welche das Entstehen der ersten ausserhalb des häuslichen Kompetenzbereiches tätigen Basler Frauenorganisation illustrieren, den Freundinnen junger Mädchen (Nr. 3–8), sowie Porträtaufnahmen von führenden Frauen der Gründerinnengeneration und einer bezahlten Fürsorgerin (Nr. 9–14). Daran schliessen sich Aufnahmen an aus einer 1914 für die Landesausstellung in Bern hergestellten zweibändigen Selbstdarstellung in Bildern des Basler Frauenvereins zur Hebung der Sittlichkeit (Nr. 15–22). Diese Bilder zeigen auch viele der vom Frauenverein betreuten Frauen, welche einer sozialen Schicht angehören, die sonst nur selten im Bild festgehalten wird, allerdings in einem ihnen fremden Kontext und aus der Sicht der sie betreuenden Frauen.

Mehr als die Hälfte der Aufnahmen sind Porträtaufnahmen von Frauen aus der Mittel- und Oberschicht. Obwohl diese Aufnahmen in einem Zeitraum von mehr als fünfzig Jahren entstanden sind, fällt auf, wie wenig sich das von Berufsphotographen hergestellte Frauenporträt verändert: Es handle sich um das Porträt einer jungen oder einer älteren Frau, einer Mutter mit ihrer kleinen Tochter oder dem erwachsenen Sohn oder mit der erwachsenen Tochter, stets sind es durchwegs stereotype Darstellungen (vgl. Nr. 1–2, 4–5, 8–10, 12–14, 23–24, 27). Diese Sehgewohnheiten wirken bis in die Photographie der Zwischenkriegszeit nach (vgl. Nr. 11). Dies zeigt ganz deutlich, wie schwer es bürgerlichen Frauen fällt, sich auch äusserlich den an sie gestellten Rollenerwartungen zu entziehen. Ungewöhnlich sind deshalb zwei Aufnahmen, welche Frauen bei sonst Männern vorbehaltenen Tätigkeiten zeigen. Sie entstanden vor dem Ersten Weltkrieg, bezeichnenderweise in privatem Rahmen, und stammen beide von Frauen: einmal nimmt eine Tochter ihre Mutter auf, während sie schreibt, ein ander Mal porträtiert eine Schwester eine andere Schwester, die Ärztin ist, in der typischen Berufskleidung vor dem Mikroskop (Nr. 25 und 26). Beide Aufnahmen sind aber weit entfernt vom kecken Rollenwechsel, mit welchem sich eine junge Frau während der Kriegszeit alle den Männern vorbehaltenen Freiheiten erschliesst, einschliesslich der gelösteren Körperhaltung (vgl. Nr. 30). Auffällig ist auch der Gegensatz zwischen der bürgerlichen Welt und der gleichzeitig in Basel lebenden politisch engagierten Arbeiterjugend (Nr. 28–29), deren Aussehen und Benehmen sich deutlich von den Besucherinnen des vom Frauenverein zur Hebung der Sittlichkeit betriebenen *Arbeiterinnenkränzchens* unterscheidet (Nr. 18–19).

1. Esther Emilie Sarasin-Forcart (1807–1866), vor 1866:
Diese Aufnahme befindet sich in einem Umschlag mit der Aufschrift: *Photographien von Adolf Sarasin-Forcart (1802–1885) und seinen Kindern und Grosskindern.* Dieselbe Inhaltsangabe wiederholt sich im Verzeichnis zum Familienarchiv. Das «Übersehen» der *angeheirateten* Frau ist bezeichnend für ihre Stellung und Funktion innerhalb einer Basler Patrizierfamilie im 19. Jahrhundert.

2. Elisabeth Sarasin-Sauvain (1829–1918) und Sohn, ca. 1890:
Ihr Mann war massgeblich an der Errichtung einiger Modellwohnungen für Fabrik-
arbeiter in der Breite durch die GGG beteiligt, ebenso stiftete er der Stadtmission ein
Lokal in der Breite und sorgte für die feste Anstellung eines Missionars. Sie leitete eine
dazugehörige Kleinkinderschule, beaufsichtigte Nähabende für Fabrikarbeiterinnen
und stiftete 1883 ein Asyl für erholungsbedürftige Kinder.

3. **Zöglinge** in der Waschküche des *Asyls für weibliche Obdachlose, entlassene Sträflinge usw.* am Nonnenweg 61, Basel, 1914:

Das Asyl war 1883 von Maria Kober-Gobat (1844–1917) gegründet worden und wurde von Diakonissen geleitet. Der freiwillige Eintritt und der Wunsch, *gebessert zu werden*, waren die Voraussetzung zur Aufnahme der jungen Frauen, wohl meist junger Prostituierter. Der Aufenthalt dauerte zwei Jahre. Das monatliche *Kostgeld* zahlten private *Wohltäterinnen*.

4. **Julie Bischoff (1835–1891), um 1890**:
Sie pflegte ihre Eltern, dann führte sie ihrem unverheirateten Bruder Wilhelm den Haushalt bis zu ihrem Tod. Daneben ging sie regelmässig auf den Bahnhof und sprach junge, allein reisende Frauen an, um ihnen *unter Hintansetzung aller persönlichen Rücksichten* zu helfen.

5. Charlotte Kühne-Brenner (1846–1930):
Sie war eines der Gründungsmitglieder der Basler Sektion der Freundinnen junger
Mädchen und bis im Februar 1901 Präsidentin des 1892 gegründeten Comité zur
Hebung der Sittlichkeit. Sie trat zurück *hauptsächlich, damit Frau Pfarrer Zellweger
eine bestimmte Stellung habe gegenüber den anderen Kantonen, wenn der schweizeri-
sche Sittlichkeitsverein gegründet wird.*

6. *Empfang* am Badischen Bahnhof, ca. 1920:
Die *Empfangsdame* (zweite von rechts) der Freundinnen junger Mädchen, erkennbar an ihrem weissen Abzeichen, ist einer am Badischen Bahnhof angekommenen jungen Frau bei den Einreiseformalitäten behilflich, hier beim Geldwechseln.

7. **Im Sprechzimmer der *Bahnhofhilfe*, ca. 1920**:
Die *Empfangsdame* trägt den Namen einer neu angekommenen Reisenden in einem *Register* ein oder führt das *Journal* über ihre Beratungstätigkeit nach. Wahrscheinlich befand sich dieses Sprechzimmer im *Bahnhofheim* der Freundinnen junger Mädchen am Steinentorberg.

8. Clara Burckhardt (1846–1919), ca. 1910–1919:
Sie gründete zusammen mit Maria Kober-Gobat und Charlotte Kühne-Brenner 1892
das Comité zur Hebung der Sittlichkeit und war wie Julie Bischoff eines der Gründungsmitglieder der Basler Sektion der Freundinnen junger Mädchen, deren Präsidentin sie während mehreren Jahren war.

9. Rosina Preiswerk (1859–1913), ca. 1890:
Sie wurde 1897, als Maria Gundrum wegen des Scheiterns der Petition für gleiche
Besoldungsansätze für Lehrerinnen und Lehrer zurücktreten musste, zur zweiten Präsidentin des Lehrerinnenvereins gewählt. Sie war Mitglied der Brüdersozietät und eine
der ersten überzeugten Frauenstimmrechtlerinnen in Basel.

10. Jenny Dreyfus-Strauss (1863–1943), 1916:
Seit 1888 verwaltete sie die Kasse des Israelitischen Frauenvereines. 1904 wurde sie
zur Präsidentin des Vereins gewählt. Sie hatte das Amt bis zu ihrem Tode 1943 inne.

11. Maria Dreyfus-Brodski (1871–1944), ca. 1935–1944:
Sie war im Vorstand des Israelitischen Frauenvereins, engagierte sich aber vor allem für das Israelitische Waisenhaus. Seit 1907 arbeitete sie als *Aufsichtsdame* des Pflegekinderwesens mit Anna Herzog-Widmer zusammen. Sie soll sich ungewöhnlich früh für das Frauenstimmrecht ausgesprochen haben.

12. Anna Herzog-Widmer (1857–1941), 1917:
Sie gründete 1907 das *Pflegekinderwesen*, einen Zweig des Basler Frauenvereins
zur Hebung der Sittlichkeit. 1916 wurde sie als erste Frau in den Gemeinderat von
St. Leonhard gewählt und leitete als Alterspräsidentin dessen erste Sitzung.

13. Emilie Gutzwiller-Meyer (1868–1929), vor 1914:
Sie leitete jahrelang das Bazarcomité des Vinzenzvereins, war die zweite Präsidentin der Basler Sektion des Internationalen Katholischen Mädchenschutzvereines und wurde 1912 zur ersten Präsidentin des Schweizerischen Katholischen Frauenbundes gewählt, stand gleichzeitig aber auch der Basler Sektion des Frauenbundes vor.

14. Maria Crönlein (1883–1943):
Die aus Altdorf stammende Maria Crönlein war die erste katholische Fürsorgerin in
Basel. Sie wurde 1912 als *Propagandasekretärin* vom Schweizerischen Katholischen
Frauenbund angestellt und baute während ihres kurzen Basler Aufenthaltes eine katho-
lische Berufsberatungsstelle für Frauen auf. 1916 ging sie nach Luzern, um dort die
Eröffnung einer katholischen *Social-charitativen Frauenschule* vorzubereiten.

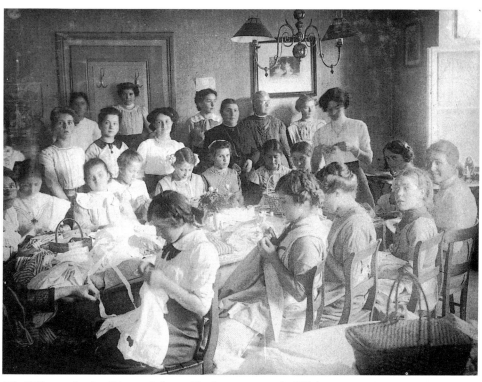

15. *Nähstunde der Diensttöchter*, **Herbergsgasse 1, 1914**:
Der *Diensttöchterverein* des Basler Frauenvereins zur Hebung der Sittlichkeit vermittelte schulentlassenen Mädchen Lehrstellen als *Dienstboten*. Die Arbeitgeberinnen verpflichteten sich, die Lehrtöchter in allen wichtigen Fertigkeiten zu unterrichten und zwei Nachmittage in der Woche in die *Nähstunde* zu schicken.

16. **Im *Zufluchtshaus* an der Socinstrasse 13, Basel: *Am Mittagstisch*, 1914**:

Das *Zufluchtshaus für bedrängte Frauenspersonen* wurde 1901 vom Basler Frauenverein zur Hebung der Sittlichkeit eröffnet. Es nahm alleinstehende mittellose Frauen, unverheiratete Mütter mit ihren Kindern nach der Spitalentlassung, Prostituierte nach der Entlassung aus dem Gefängnis oder dem Spital, und Frauen, die hier mit ihren Kindern die Trennung oder die Scheidung von ihrem Ehemann abwarteten, vorübergehend

17. **Im *Zufluchtshaus* an der Socinstrasse 13, Basel:** *Im Nähzimmer*, **1914**:

auf, bis eine dauernde Lösung für ihre Notlage gefunden war. Das Konzept des *Durchgangsheims* war damals neu für Basel. Die Frauen wurden dem *Zufluchtshaus* von Vereinsmitgliedern, der Polizei, Geistlichen, Armenpflegern, der Heilsarmee, Stadtmissionaren oder Privaten zugewiesen.

18. *Arbeiterinnenkränzchen*, **Herbergsgasse 1, 1914**:

Das *Arbeiterinnenkränzchen* war ein Teil des *Sozialen Zweiges* des Basler Frauenvereins zur Hebung der Sittlichkeit. Es bot ledigen Fabrikarbeiterinnen in der Freizeit Beschäftigung durch Turnen, Spielen, Gesang, Handarbeiten und Vorlesen. Viele Jahre hindurch war Anna Keller, Lehrerin an der Töchterschule und Präsidentin des

19. *Arbeiterinnenkränzchen*, **Herbergsgasse 1, 1914**:

Lehrerinnenvereins, Leiterin dieses Freizeitclubs für junge Mädchen (Nr. 18: stehend, erste in der zweiten Reihe von links). Dass die Mitglieder des *Arbeiterinnenkränzchens* beim Nähen aufgenommen werden und nicht beim Turnen oder Spielen, entspricht dem sehr traditionellen Frauenbild des Vereinsvorstandes.

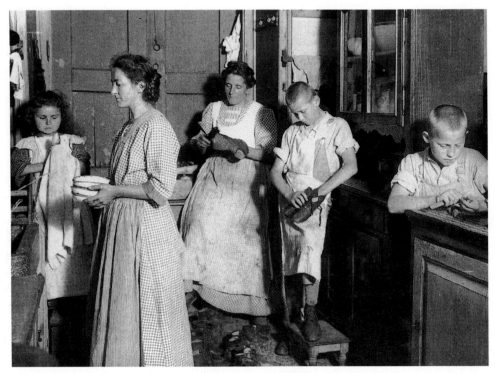

20. *Kinderstation*, **Brantgasse 1:** *In der Küche*, **1914**:

Die *Kinderstation*, ein Durchgangsheim für Kinder, war ein Teil der von Maria Barbara Richter-Bienz gegründeten *Temporären Versorgung*. Sie nahm Kinder auf, die aus verschiedenen Gründen nicht in ihrer Familie betreut werden konnten, oder überbrückte die Zeit bis zur definitiven Unterbringung in einer Anstalt oder in einer Pflegefamilie.

21. *Kinderstation*, **Brantgasse 1:** *Vor dem Gemüseplatz*, **1914**:

Ein besonderes Anliegen der *Temporären Versorgung* war der Schutz der Kinder vor Misshandlung oder sexuellem Missbrauch durch die erziehungsberechtigten Erwachsenen.

22. *Tagesheim*, St. Albangraben 8: *Tagesheimkinder spielen im Hof*, **1914**:
Heim für Knaben und Mädchen, deren Mutter tagsüber auswärts in Arbeit stehen: Es
nimmt die Kinder *für den ganzen Tag auf und gibt ihnen gegen ein kleines Kostgeld
Aufsicht, Mittag- und Abendessen.* Seit 1913 öffnete das Tagesheim schon um halb sie-
ben Uhr, verabreichte den Kindern auch das Frühstück und blieb bis um halb acht Uhr
abends geöffnet.

23. Cécile Mähly-Brenner (1837–1913) und Tochter Cécile Mähly (1874–1922):
Cécile Mähly-Brenner war eine ältere Schwester von Charlotte Kühne-Brenner. Ihr
Ehemann machte sich 1891 zum Fürsprecher der Gleichstellung der weiblichen Mitglieder der Lesegesellschaft, welche 1901 vollständig erreicht wurde. Eine ihrer Töchter lässt sich seit 1907 als *Aufsichtsdame* des Pflegekinderwesens nachweisen.

24. Lily Zellweger-Steiger (1862–1914) und Tochter Elisabeth (1884–1957), ca. 1884:
Die Gründerinnen der ersten Basler Frauenvereine waren neben der Tätigkeit in den
Vereinen immer auch Hausfrauen, auch die alleinstehenden Frauen lebten meist im
Haushalt von Verwandten. Lily Zellweger-Steiger z.B. hatte acht Kinder. Diese Auf-
nahme zeigt sie in einer für die Zeit typischen Darstellung einer jungen Mutter mit
ihrem erstgeborenen Kind.

25. **Lily Zellweger-Steiger (1862–1914) beim Schreiben, ca. 1904–1914**:
Die Gründerinnen der grossen Basler Frauenvereine waren die Mütter der ersten Basler
Studentinnen. Das neue Selbstverständnis der Töchtergeneration schlägt sich im Blick
auf ihre Mütter nieder: Die Tochter sieht in der Mutter die Journalistin und Politikerin.
Lily Zellweger-Steiger selbst blieb nach aussen ihr Leben lang die *Frau Pfarrer*.

26. Helene Zellweger (1885–1972), ca. 1919:
Helene Zellweger war die zehnte seit 1890 in Basel promovierte Medizinerin. 1919 eröffnete sie eine Privatpraxis an der Rebgasse im Kleinbasel. Daneben unterrichtete sie von 1919–1929 Gesundheitslehre an der Allgemeinen Abteilung der Töchterschule. Eine ihrer Schwestern nimmt sie in ihrer Praxis in einer sonst Männern vorbehaltenen Pose auf.

27. Mina F., ca. 1900 in Colmar:
Mina F. schenkte das Bild einer Schwester, welche in Basel als Wäscherin und Putzerin arbeitete. Es fällt auf, dass sich die junge Fraue, welche vom Land stammt und der städtischen Unterschicht angehört, in einer für Porträtaufnahmen von bürgerlichen Frauen typischen Pose aufnehmen lässt.

28. **Sozialistischer Jugendtag, 10. August 1913**:
Weder der Name des porträtierten Comité noch die Identität der abgebildeten jungen Frauen ist bekannt. Nur ein Name ist überliefert: Elsa Brodmann. Ganz deutlich wird hingegen die zentrale Bedeutung der Vereinsfahne, welche wohl von der Vorsitzenden gehalten wird, und des Protokollbuches in der Hand der Vereinssekretärin.

29. Freie Jugend Basel und Umgebung, ca. 1912:
Für die jungen Frauen steht das Wort *frei* wohl für mehr körperliche Bewegungsfreiheit, für weniger Aufsicht, für eine weniger ausschliessliche Einschränkung auf den
häuslichen Bereich und einen ungezwungeneren Umgang mit gleichaltrigen Männern,
vielleicht auch für gelebte Gleichberechtigung.

30. Bruder und Schwester, ca. 1916 im Kleinbasel:
Mit der Travestie verschafft sich die Jugendliche (am schützenden Arm des Bruders)
nicht nur Zugang zu allen ihr als *anständigem* Mädchen verschlossenen Vorrechten der
gleichaltrigen männlichen Jugend, sie entlarvt damit die sogenannte *natürliche*
Wesensverschiedenheit der Geschlechter auch als soziales Rollenspiel.

3. Bildnachweis

Bild 1:
Grossmama Emilie Sarasin-Forcart (auf Rückseite vermerkt) / nicht datiert, vor 1866 / F. Hartmann, Maler und Photograph Basel, Schützengraben 21 beim Mostacker / 53x90mm, Silbergelatine, Auskopierpapier, getont, auf beidseitig bedruckten Karton aufgezogen (60x100mm) / Reproduktion nach Originalpositiv / Staatsarchiv Basel, Privatarchiv 212, N 9

Bild 2:
Elisabeth Sarasin-Sauvain (1829–1918) und Paul Benedikt Sarasin (1856–1929) / undatiert, ca. 1890 / Van Bosch, Königlicher Hofphotograph, Wilhelmstrasse, Eingang Luisenstrasse 3, Wiesbaden / 111x144mm, Silbergelatine, Auskopierpapier, getont, auf beidseitig bedruckten Karton aufgezogen (117x167mm) / Reproduktion nach Originalpositiv / Staatsarchiv Basel, Privatarchiv 212, C 21, Nr. 21.1.C.2

Bild 3:
Die Zöglinge in der Waschküche (Bildlegende), Bild 18 aus Band I der *Anstalten des Frauenvereins z.H.d.S. Basel-Stadt* / undatiert, 1914 / 245x180mm, abgeschrägte Ecken, auf Karton aufgezogen (347x290mm) / Reproduktion nach Originalpositiv / Staatsarchiv Basel, PA 882 (provisorisch)

Bild 4:
Julie Bischoff (1835–1891), Frauenfürsorgerin / undatiert, ca. 1890 / Albert Herzog Basel, Rheinsprung 3 / 57x95mm, Silbergelatine, Auskopierpapier, getont, auf beidseitig bedruckten Karton aufgezogen (65x105mm) / Reproduktion nach Originalpositiv / Universitätsbibliothek Basel, Porträtsammlung, Basel Bischoff Julie

Bild 5:
Tochter von Johannes Brenner-Stehelin, Charlotte Kühne-Brenner (auf oberem und unterem Rand des Passpartout vermerkt) / undatiert, ca. 1920–1930 / 115x154mm, Auskopierpapier, auf Passepartout montiert / Reproduktion nach Originalpositiv / Staatsarchiv Basel, Privatarchiv 565, A 11 (Nachkommen von Johannes Brenner-Stehelin)

Bild 6:
ohne Titel oder Beschriftung, eine von vier Aufnahmen, welche wohl von den Freundinnen junger Mädchen in Auftrag gegeben wurden (Zeigemappen 345, 346, 4290, 4291) / undatiert, ca. 1920 / Höflinger, Basel / Reproduktion nach Originalnegativ / Staatsarchiv Basel, Fotoarchiv Höflinger, Neg. Hö 346 (provisorisch)

Bild 7:
ohne Titel oder Beschriftung, eine von vier Aufnahmen, welche wohl von den Freundinnen junger Mädchen in Auftrag gegeben wurden (Zeigemappen 345, 346, 4290, 4291) / undatiert, ca. 1920 / Höflinger, Basel / Reproduktion nach Originalnegativ / Staatsarchiv Basel, Fotoarchiv Höflinger, Neg. Hö 4290 (provisorisch)

Bild 8:
Clara Burckhardt (1846–1919), Präsidentin der Freundinnen junger Mädchen, Beilage zur Leichenrede von 1919 / undatiert, ca. 1910–1919 / wahrscheinlich medaillonförmiger Ausschnitt (45x60mm) einer grösseren Porträtaufnahme / Reproduktion nach der Reproduktion von 1919 / Universitätsbibliothek Basel, Porträtsammlung, Basel Burckhardt Clara

Bild 9:
Rosina Preiswerk (1859–1913), Lehrerin / undatiert, ca. 1890 / Ad. Müller Basel, 5 St. Clarastrasse, Herisau, Casernenstr. z. Papagei / 57x92mm, Silbergelatine, Auskopierpapier, getont, auf beidseitig bedruckten Karton aufgezogen (65x105mm) / Reproduktion nach Originalpositiv / Universitätsbibliothek Basel, Porträtsammlung, Basel Preiswerk Rosina

Bild 10:
ohne Titel oder Beschriftung / Aufnahme vom 22.12.1916 (auf Rückseite vermerkt) / Reproduktion nach Originalpositiv / in Privatbesitz, vermittelt durch Frau Dr. Katja Guth-Dreyfus, Basel

Bild 11:
Maria Dreyfus-Brodski (auf Rückseite vermerkt) / undatiert, ca. 1935–1944 / H. Poeser (?), Basel, Sternengasse 1 / Reproduktion nach Originalpositiv / Privatbesitz von Frau Dr. Katja Guth-Dreyfus, Basel

Bild 12:

Anna Herzog-Widmer (auf Rückseite vermerkt) / 1917 (auf Rückseite vermerkt) / Gertrud Dietschy Basel, Steinenring 60 / 75x118mm, auf hellen Passepartout montiert / Reproduktion nach Originalpositiv / Privatbesitz von Frau Dr. Susanna Woodtli, Zollikon

Bild 13:

ohne Titel oder Beschriftung / undatiert, vor 1914 / Reproduktion nach einer neuzeitlichen photographischen Aufnahme / Privatbesitz von Frau May Guldimann-Steuer, Uitikon

Bild 14:

ohne Titel oder Beschriftung, Teil einer Diaschau / undatiert, vor 1918 / Reproduktion nach neuzeitlichem Diapositiv / Privatbesitz des Schweizerischen Katholischen Frauenbundes, Luzern

Bild 15:

a. *Nähstunde der Diensttöchter: Erster Tisch im Parterre der Herbergsgasse 1, Basel* (Bildlegende), Bild 14 aus Band II der *Anstalten des Frauenvereins z.H.d.S. Basel-Stadt* / undatiert, 1914 / 233x166mm, auf Karton aufgezogen (347x290mm) / Reproduktion nach Originalpositiv / Staatsarchiv Basel, PA 882 (provisorisch)

Bild 16:

Am Mittagstisch (Bildlegende), Bild 3 aus Band I der *Anstalten des Frauenvereins z.H.d.S. Basel-Stadt* / undatiert, 1914 / 238x180mm, abgeschrägte Ecken, auf Karton aufgezogen (347x290mm) / Reproduktion nach Originalpositiv / Staatsarchiv Basel, PA 882 (provisorisch)

Bild 17:

Im Nähzimmer (Bildlegende), Bild 4 aus Band I der *Anstalten des Frauenvereins z.H.d.S. Basel-Stadt* / undatiert, 1914 / 228x175mm, abgeschrägte Ecken, auf Karton aufgezogen (347x290mm) / Reproduktion nach Originalpositiv / Staatsarchiv Basel, PA 882 (provisorisch)

Bild 18:

a. *Arbeiterinnenkränzchen in der Herbergsgasse 1, Basel. Erster Tisch* (Bildlegende), Bild 16 aus Band I der *Anstalten des Frauenvereins z.H.d.S. Basel-Stadt* / undatiert, 1914 / 227x170mm, abgeschrägte Ecken, auf Karton aufgezogen (347x290mm) / Reproduktion nach Originalpositiv / Staatsarchiv Basel, PA 882 (provisorisch)

Bild 19:

b. *Arbeiterinnenkränzchen: Zweiter Tisch* (Bildlegende), Bild 17 aus Band II der *Anstalten des Frauenvereins z.H.d.S. Basel-Stadt* / undatiert, 1914 / 227x160mm, auf Karton aufgezogen (347x290mm) / Reproduktion nach Originalpositiv / Staatsarchiv Basel, PA 882 (provisorisch)

Bild 20:

Tagesheimkinder spielen im Hof (Bildlegende), Bild 10 aus Band I der *Anstalten des Frauenvereins z.H.d.S. Basel-Stadt* / undatiert, 1914 / 220x166mm, abgeschrägte Ecken, auf Karton aufgezogen (347x290mm) / Reproduktion nach Originalpositiv / Staatsarchiv Basel, PA 882 (provisorisch)

Bild 21:

m. *Vor dem Gemüseplatz* (Bildlegende), Bild 12 aus Band II der *Anstalten des Frauenvereins z.H.d.S. Basel-Stadt* / undatiert, 1914 / 228x166mm, auf Karton aufgezogen (347x290mm) / Reproduktion nach Originalpositiv / Staatsarchiv Basel, PA 882 (provisorisch)

Bild 22:

c. *Kinderstation: In der Küche* (Bildlegende), Bild 3 aus Band II der *Anstalten des Frauenvereins z.H.d.S. Basel-Stadt* / undatiert, 1914 / 232x175mm, abgeschrägte Ecken, auf Karton aufgezogen (347x290mm) / Reproduktion nach Originalpositiv / Staatsarchiv Basel, PA 882 (provisorisch)

Bild 23:

Namen und Geburtsdaten der beiden Frauen auf Rückseite vermerkt / undatiert, ca. 1900 / 155x105mm, Silbergelatine, Auskopierpapier, ungetont / Reproduktion nach Originalpositiv / Staatsarchiv Basel, Privatarchiv 565, A 11 (Nachkommen von Johannes Brenner-Stehelin)

Bild 24:

ohne Titel oder Beschriftung / undatiert, ca. 1884 / Reproduktion nach Originalpositiv / Privatbesitz von Eberhard Zellweger-Stückelberger, Basel

Bild 25:
ohne Titel oder Beschriftung / undatiert, ca. 1910–1914 / aufgenommen von einer Tochter / Reproduktion nach Originalpositiv / Privatbesitz von Eberhard Zellweger-Stückelberger, Basel

Bild 26:
ohne Titel oder Beschriftung / undatiert, ca. 1919 oder später / aufgenommen von einer der Schwestern / Reproduktion nach Originalpositiv / Privatbesitz von Eberhard Zellweger-Stückelberger, Basel

Bild 27:
ohne Titel oder Beschriftung / undatiert, ca. 1900 / Severin Scaoy (?), Colmar, Stanislausstrasse 4 (stark beriebene Aufschrift) / 62x92mm, Silbergelatine, Auskopierpapier, getont, auf beidseitig bedruckten Karton aufgezogen (65x106mm) / Reproduktion nach Originalpositiv / Privatbesitz der Verfasserin

Bild 28:
Sozialistischer Jugendtag Basel, 10. August 1913 / 140x90mm / Reproduktion nach Originalpositiv aus dem Besitz von Anny Klawa-Morf / Gretler's Panoptikum zur Sozialgeschichte, Kanzleistrasse 56, CH-8004 Zürich

Bild 29:
Freie Jugend Basel und Umgebung / undatiert, ca. 1912 / 140x90mm / Reproduktion nach Originalpositiv aus dem Besitz von Anny Klawa-Morf / Gretler's Panoptikum zur Sozialgeschichte, Kanzleistrasse 56, CH-8004 Zürich

Bild 30:
ohne Titel oder Beschriftung / undatiert, ca. 1916 / Hermann Brönnimann, Amat.Photogr. (Prägestempel) / 87x138mm / Reproduktion nach Originalpositiv / Privatbesitz der Verfasserin

117

VI. Materialien

Anhang zu Kapitel II, Abschnitt 2:

Paragraphen 1 bis 5 des Gesetzes betreffend das Mehrjährigkeitsalter und betreffend die Handlungsfähigkeit der Frauenspersonen (16. Oktober 1876):

Amtliche Gesetzessammlung des Kantons Basel-Stadt, Band 19, 1875–1879, S. 209–212.

Der Grosse Rat des Kantons Basel-Stadt hat beschlossen was folgt:

§. 1.

Die Mehrjährigkeit tritt bei Manns- und Frauenspersonen mit dem zurückgelegten einundzwanzigsten Altersjahr ein.

Auf den Antrag des Vaters, resp. des Vormundes oder der nächsten Verwandten, kann jedoch das Civilgericht, wenn erhebliche Gründe dafür sprechen, die Fortdauer der väterlichen Gewalt resp. der Vormundschaft auf eine bestimmte Zeit erkennen. Jede solche Erkenntniss ist im Kantonsblatt zu veröffentlichen. Während dieser Zeit stehen die Betreffenden rechtlich den Minderjährigen gleich.

§. 2.

Der Regierungsrath kann einen Minderjährigen auf sein Ansuchen mehrjährig erklären, sofern erhebliche Gründe dafür sprechen, und sein Vater, resp. sein Vormund und die nächsten Verwandten, sich damit einverstanden erklären. Jede Mehrjährigkeitserklärung ist im Kantonsblatt zu veröffentlichen.

§. 3.

Der Minderjährige wird durch den Eheabschluss volljährig.

§. 4.

Die Geschlechtsvormundschaft ist aufgehoben.

Die mehrjährigen, unverheiratheten und verwittweten, sowie die gänzlich geschiedenen Frauenspersonen sind handlungsfähig, und können nur aus den Gründen, welche für mehrjährige Männer gelten, unter Vormundschaft gestellt werden. Doch können sie selbst nicht Vormünder sein.

§. 5.

In Bezug auf die Handlungsfähigkeit der Ehefrauen wird Folgendes bestimmt:

1. Bei Concurs des Mannes oder bei temporärer Ehescheidung ist der Frau auch ferner ein Vormund zu geben. Ebenso haben die Vormünder, welche Sträflingen, in Arbeitsanstalten Versorgten, Mundtodterklärten und unbekannt Abwesenden geordnet werden, auch ferner für die Dauer der Vormundschaft die vormundschaftliche Sorge über die Ehefrau und die Kinder des Bevormundeten zu übernehmen, sofern dieselben nicht aus andern Gründen besondere Vormünder haben.

2. Den unter 1 genannten Ehefrauen kann von der Vormundschaftsbehörde nach Prüfung der Umstände der Betrieb eines Handelsgeschäftes oder eines Gewerbes gestattet werden, wenn der Ehemann seine Einwilligung gibt. Von der Einwilligung des Ehemannes kann abgesehen werden, wenn derselbe unbekannt abwesend oder geisteskrank ist, oder wenn seine Weigerung ganz ungegründet erscheint.

   In allen Fällen sind Vormund und nächste Verwandte anzuhören.

   Frauen, denen diese Bewilligung ertheilt ist, sind für alle Rechtshandlungen, welche der Betrieb eines derartigen Geschäftes oder Gewerbes mit sich bringt, selbstständig handlungsfähig.

   Die Bewilligung kann auf Begehren des Ehemannes, des Vormunds oder der Verwandten, nach Anhörung der Frau derselben wieder entzogen werden.

   In Streitfällen entscheidet das Gericht.

3. Bei Mitunterschrift der Ehefrau zum Zwecke der Veräusserung oder Belastung von Liegenschaften oder der Mitverpflichtung für Schulden des Ehemanns bedarf es der Zuziehung eines Beistandes nicht.

   Im Übrigen wird in Bezug auf die Handlungsfähigkeit der Ehefrauen nichts geändert.

Anhang zu Kapitel II, Abschnitt 3.2:

Auszüge aus Gustav Schönberg, *Die Frauenfrage. Vortrag, gehalten zu Basel am 15. Februar 1870,* Basel, Schweighauserische Verlagsbuchhandlung (Benno Schwabe), 1872, Seiten 10–11, 23–24, 29–30)

Die *Übelstände* erheischen *Abhülfe*. Die vielgepriesene Selbsthülfe der Betheiligten zeigt sich hier als völlig ungenügend. Hier sind nicht einmal Coalitionen zur Erreichung einer humanen Arbeitszeit und Arbeitsart zur Regulirung des Arbeitsangebots, zur Erzielung eines gerechten Arbeitslohns wie die Gewerkvereine männlicher Lohnarbeiter anwendbar. Den Bedrängten muss daher *vom Staat* und von der *Gesellschaft* geholfen werden. Und weil die Betheiligten keinen Einfluss auf die Arbeitszeit und Arbeitsart haben, weil mit der Zerrüttung des Familienlebens diese Basis eines gesunden Staatslebens in diesen Classen erschüttert wird, weil durch die Arbeit der Frauen Rechte der Kinder verletzt werden, so bedarf es hier einer andern und viel stärkern Intervention des Staates als für die Arbeit der männlichen Lohnarbeiter.

Es genügt aber nicht, dass der *Staat*, soweit es seine Pflicht ist, und seine Macht ohne Gefährdung berechtigter Interessen reicht, einschreite; dass er die Fabrikarbeit der verheiratheten Frauen, soweit es irgend zulässig, beschränke und jedenfalls unbedingt Frauen und Mädchen diejenige Arbeit verbiete, welche ihre Gesundheit und ihre Moral nothwendig untergraben; dass er Fabrikinspectoren einsetze und Enquêten veranstalte, welche uns die klare Einsicht in die wirklichen Zustände verschaffen, dass er den Schulzwang durchführe, die Arbeitsart und die Wohnung polizeilich beaufsichtige, dass er das Mass der Arbeitszeit dieser Personen regulire und hierbei auch das Recht der noch nicht geborenen Kinder wie das Recht der Wöchnerinnen wahre. Zu dieser Staatshülfe muss ergänzend die *Gesellschaftshülfe* d.h. die Hülfe der besser situirten Classen hinzutreten. Hier ist der Punkt, von dem aus der Appell auch an die Frauen der höheren Stände gerechtfertigt erscheint. Wie oft beklagen sich diese, dass nur dem Manne die öffentliche und sociale Thätigkeit beschieden sei, ihnen dagegen das bescheidene Loos im Hause und im Familienkreise zufalle! Nun wohl, hier ist ein Feld, auf dem recht eigentlich unsere Frauen eine ebenso nothwendige und segensreiche wie ihrem Wesen entsprechende Wirksamkeit entfalten können. Dies sich zu erobern, hier zu helfen, hier sich zur *sittlichen That* emporzuschwingen, das ist wahrlich ihrer Natur und ihrem Wesen entsprechender, als sich auf das dornenvolle Gebiet der eigentlichen Politik zu begeben, als die politische Emancipation anzustreben, um auf dem gefährlichen Boden in ungleichem Kampfe unter Aufopferung der Harmonie ihres Wesens einen kühnen Thatendurst zu stillen. Mögen sie *Vereine* bilden, welche die Sorge für die zweckentsprechende *Wohnung* für die *freien Stunden*, für die weitere *Ausbildung* und *Erziehung* der unverheiratheten Fabrikarbeiterinnen übernehmen, mögen sie Vereine gründen, welche der Pflege der *Kinder*, deren Mütter gezwungen in die Fabrik gehen, sich unterziehen und der *Wöchnerin* die Lasten des Hausstandes abnehmen. Die Arbeitgeber aber müssen die wirksame Hülfe dieser Institutionen dadurch ermöglichen, dass sie ihre Arbeiterinnen zur Benutzung derselben zwingen. (S. 10–11)

Für die Verwirklichung dieser Aufgaben bedarf es endlich noch eines *weiteren Mittels*. Der grösste Feind jeder socialen Reform ist die Gleichgültigkeit der Massen und der Mangel an Initiative, welcher naturgemäss der in ihre Atome aufgelösten Gesellschaft anklebt. Jede sociale Reformfrage ist daher wesentlich eine Frage der Organisation. *Zur Durchführung dieser Reform* bedarf es gleichfalls noch einer besonderen *Organisation*, es bedarf der Gründung und *Organisation von Vereinen*, welche die Anbahnung dieser Reform zu ihrer besonderen Function machen. *Ihre Aufgabe* wird deshalb wesentlich eine fünffache sein:

1. die Beseitigung der der Erwerbsthätigkeit der Frauen entgegenstehenden gesellschaftlichen Vorurtheile und gesetzlichen Hindernisse,
2. die Gründung und Förderung von Lehranstalten zur Heranbildung der Frauen für einen gewerblichen commerciellen, wissenschaftlichen oder künstlerischen Beruf,
3. die Nachweisung geeigneter gewerblicher Arbeitsgebiete und die Vermittlung der Arbeitsgelegenheit auf ihnen,
4. die Gründung von Verkaufs- und Ausstellungslocalen für selbstständige weibliche Handarbeiten und künstlerische Erzeugnisse, sowie die Errichtung selbstständiger Productivgenossenschaften in geeigneten Productionszweigen, endlich
5. die Gewährung von Schutz und Beistand selbstständig beschäftigten weiblichen Personen gegen eine Benachtheiligung in sittlicher und wirtschaftlicher Beziehung, insbesondere durch Nachweis geeigneter Gelegenheiten für Wohnung und Beköstigung.

Diese Vereine müssen sich in allen grösseren Städten bilden und unter einander in einen organischen Verband treten, der auch auf diesem Gebiete nicht blos sich auf die Grenzen einer Volkswirthschaft beschränken darf, sondern allmählig zu einem internationalen werden muss.

Das ist in flüchtiger Skizze der Weg, auf dem wir jenem Nothstande entgegentreten, auf dem wir ihn für die Gegenwart lindern und für die Zukunft verhindern können. (S. 23–24)

Und so ist denn schon diesseits und jenseits des Oceans eine Bewegung im Fluss, welche auch für diesen bedrängten Theil des weiblichen Geschlechts die Lösung des grossen Problems der Gegenwart erstrebt. Auf ihr Banner hat sie geschrieben: *Es soll und muss den Frauen eröffnet werden auch die Möglichkeit eines Lebensglückes ausserhalb des ehelichen Bundes und der eigenen Familie, es soll und muss hergestellt werden auch für sie die Möglichkeit einer freien, selbstständigen und sie befriedigenden wirthschaftlichen Thätigkeit.*

Noch *ein Wort* zur *Beruhigung* und zur *Widerlegung* eines *letzten Einwandes!* Eröffnen wollen und müssen wir den Frauen den grosssen Markt des wirthschaftlichen Lebens. Aber wie? erfasst uns nicht Alle eine Scheu bei dem Gedanken, die *einzelne*

Frau aus dem Hause heraus ohne Schutz selbstständig auf den Markt des Verkehrs treten und als einzelne productive Kraft mit und gleich allen andern dort den Kampf um das Dasein führen zu sehen? Wer möchte dies Gefühl, wenn er die Hand auf's Herz legt, leugnen! Und ist wahr oder unwahr, berechtigt oder unberechtigt dies Gefühl? Ich behaupte das Erstere. Ich behaupte, dass es eine gerechte nicht blos durch unsere Umgebung und Erziehung uns angebildete oder nur sentimentale Scheu ist, ich glaube, dass sie vielmehr auf einem tieferen psychologischen Grunde und auf nationaler Grundanschauung beruht.

Eine besondere Achtung und Verehrung des weiblichen Geschlechts ist eine charakteristische Eigenthümlichkeit, ein Grundzug des deutschen Wesens. Schon in dem Worte Frau, das die Herrin und die Erfreuende zugleich bedeutet, drücken wir sie aus und die besondere Stellung, welche im Unterschiede von anderen Völkern die Deutschen ihren Frauen seit den ältesten und rohesten Zeiten bis in die Gegenwart hinein im Leben und in der Poesie, in der Familie wie in der Gesellschaft, im Recht wie in der Wirthschaft eingeräumt haben, zeigt sie in evidentem Masse.

Weil wir in ihnen zwar das völlig ebenbürtige aber feinere und zartere Gebilde erkennen, das die Natur für den rauhen Kampf des Lebens weniger geschaffen, weil wir ihnen den lichten Farbenschmuck, in den Poesie und Leben sie kleiden, nicht mit barbarischer Hand rauben wollen, haben wir Deutsche ihnen die friedliche, dem wilden rohen Kampf entzogene Stätte des Hauses und der Familie als Arbeitsstätte oder als ihren selbstständigen Wirkungskreis und in diesem die hervorragende Stellung überwiesen; weil wir ihnen die Harmonie des Daseins, zu der der Mann in seinem grösseren und schwereren Wirkungskreise selten gelangt, in einem höheren Grade ermöglichen wollen, haben wir ihnen unter dem Schirm des Hauses eine engere und begrenzte Domäne überlassen, und weil wir ihr Wesen zur reinen und höchsten Entfaltung bringen, weil wir ihnen die ebenbürtige Selbstständigkeit erhalten wollen, erklären wir uns auf das Entschiedenste gegen die Forderung der völligen Emancipation. (S. 29–30)

Anhang zu Kapitel II, Abschnitt 5:

Auszug aus dem Protokoll des Grossen Rates vom 3. Dezember 1896, Referat des Präsidenten der Petitionskommission über die Petition des schweizerischen Lehrerinnenvereins:

Staatsarchiv Basel, Protokolle Grosser Rat, Band 43, f. 188r–189r

Die Petitionskommission legt über die Petition des schweizerischen Lehrerinnenvereins betreffend Gleichstellung der Lehrerinnen hinsichtlich Besoldungsansätze und Alterszulagen mit den Lehrern folgenden Bericht vor: Über die Petition der Sektion Basel des schweizerischen Lehrerinnenvereins beehren wir uns hiemit folgendes zu berichten:

Der schweizerische Lehrerinnenverein ist eine Gründung der letzten Jahre und zählt gegenwärtig 72 Mitglieder, wovon 51 der Sektion Basel angehören. Von diesen 51 sind angestellt an der Frauenarbeitsschule 17, an den Primarschulen 19, an den Mittelschulen 11, an Privatschulen 4. Nach dem Verwaltungsbericht von 1895 zählen unsre Schulen im ganzen 129 Lehrerinnen; die Petentinnen vertreten also nicht einmal die Hälfte derselben.

Wir schicken voraus, dass es uns richtiger geschienen hätte, wenn die Petition an die Erziehungsbehörde gerichtet worden wäre, bevor man den Grossen Rat damit behelligte (Es sei hier angemerkt, dass der Lehrerinnenverein dem Departementsvorsteher Brenner die Petition persönlich überreicht hatte, bevor er diese auch dem Grossen Rat einreichte. Regierungsrat Brenner wurde aber kurz darauf zum Bundesrat gewählt und hat die Petition offenbar seinem Nachfolger nicht weitergeleitet, sj). Immerhin kann ja das Recht, mit einem beliebigen Begehren an die gesetzgebende Behörde zu gelangen, Niemand abgesprochen werden, und wir wollen daher auf diesem Punkte, als einer Frage des Taktes, nicht weiter insistieren.

Die Eingabe enthält zwei ganz verschiedene und von einander unabhängige Anträge, und begnügt sich bei beiden mit einer kurzen Begründung. Wir müssen im Folgenden etwas weitläufiger sein.

I.

In erster Linie verlangen die Petentinnen Gleichstellung der Besoldungen und der Alterszulagen der Lehrerinnen mit denen der Lehrer. Hier ist vor allem daran zu erinnern, dass der Grosse Rat erst im März 1893 die Besoldungen der Lehrerinnen gegenüber den Ansätzen des Schulgesetzes wesentlich erhöht hat. Sie betragen an den Primarschulen 50–70 Frkn statt 40–55, für die wöchentliche Lehrstunde im Jahr, und für wissenschaftlichen Unterricht 70–100 Fr., statt 40–80; – an den Sekundarschulen 50 bis 80 Fr., früher 40 bis 60, für wissenschaftlichen Unterricht 80 bis 120 Fr., früher 40–80; – an der oberen Töchterschule 60–90 Fr., früher 40–60, für wissenschaftlichen Unterricht 100–140 Fr., früher 40–80. An allen diesen Anstalten kann ausnahmsweise eine

Lehrerin auch mit der Besoldung eines Lehrers honoriert werden. Für die Alterszulagen gilt noch das Gesetz von 1880, wonach dieselben für Lehrer 400 resp. 500 Fr., für Lehrerinnen 250 resp. 350 Fr., nach 10 resp. 15 Dienstjahren betragen.

Es ist aus der Petition nicht ersichtlich, ob die Gleichstellung nur für den wissenschaftlichen Unterricht oder auch für den in weiblichen Handarbeiten verlangt wird. Im letztern Fall würden auch die Ansätze des erst vor zwei Jahren erlassenen Gesetzes für die Frauenarbeitsschule in Betracht fallen, nach welchem die Lehrerinnen mit 60 bis 100 Fr., ausnahmsweise bis 140 Fr., die Lehrer dagegen mit 130 bis 250 Fr. besoldet sind.

Der Grosse Rat wird kaum diese erst kürzlich erlassenen Gesetze schon wieder ändern wollen, es müssten denn ganz gewichtige Gründe vorliegen. Wir halten die bestehen‹den› Besoldungen der Lehrerinnen für genügend und glauben, dass sie damit zufrieden sein dürften. Der einzige Grund, der gegen die jetzige Besoldung angeführt wird, ist der, dass sie kleiner sei als die der Lehrer. Nun wird aber nicht nur im Lehrfach, sondern auf allen Gebieten der menschlichen Thätigkeit die Frauenarbeit durchschnittlich geringer bezahlt als die der Männer. Es beruht dies auf einem durch die Natur begründeten Unterschiede, wonach eben der Mann im Durchschnitt in physischer und geistiger Arbeit leistungsfähiger ist als die Frau. Dazu kommt im Lehrfach noch, dass die Lehrer im Stande sein müssen, mit ihrer Besoldung eine Familie zu erhalten, was bei den Lehrerinnen in der Regel nicht der Fall ist. Wenn die Petition meint, dass den Lehrerinnen dafür oft die Sorge für andere Verwandte obliege, so ist dieses ja natürlich bei den Lehrern oft auch so. Wir bezweifeln auch, ob die gewünschte Gleichstellung schliesslich zum Vorteil der Lehrerinnen ausfallen würde; es ist vielmehr zu vermuten, dass dann mehr Lehrer und weniger Lehrerinnen angestellt würden.

Zum Schluss erwähnen wir der Vollständigkeit wegen, dass die verlangte Massregel für unsere Finanzen eine jährliche Mehrausgabe von 55915 Franken, und wenn die Arbeitslehrerinnen auch berücksichtigt würden, von 75115 Franken nach sich ziehen würde.

Wir stellen daher den Antrag, der Grosse Rat wolle über die Petition betreffend Besoldung und Alterszulagen der Lehrerinnen zur Tagesordnung übergehen.

Anhang zu Kapitel III:

Verzeichnis der im Adressbuch der Stadt Basel zwischen 1854 und 1918 aufgeführten Frauenvereine

Vorbemerkungen zu Aufbau und Benutzung des Vereinsverzeichnisses

Das folgende, chronologisch nach den Gründungsdaten geordnete Verzeichnis enthält über 80 Basler Frauenvereine. Absolut gesehen handelt es sich um rund 120 Vereine: da die Vereine sich aber in den achtziger Jahren wegen der religiösen Spannungen in der reformierten Kirche und um die Jahrhundertwende wegen politischen Auseinandersetzungen stark aufgesplittet haben, vervielfachte sich die Zahl der Frauenvereine zwar nominell, der Organisationsgrad der Basler Frauen erhöhte sich aber nicht. Diese Abspaltungen werden deshalb immer mit dem jeweiligen Gründungsjahr unter dem Ursprungsverein aufgeführt.

Das Verzeichnis berücksichtigt, wenn nicht anders vermerkt, ausschliesslich die Angaben, welche im Anhang des *Basler Adressbuches* enthalten sind. Seit 1854 finden sich im *Basler Adressbuch* regelmässig Angaben zu den in Basel tätigen Vereinen. Diese Angaben waren sicher nie vollständig, da der Eintrag im Adressbuch freiwillig war und beantragt werden musste. Aus verschiedenen Gründen liessen sich wohl nie alle Frauenvereine eintragen. Es besteht deshalb sicher bis circa 1890 eine relativ hohe Dunkelziffer.

Die im Verzeichnis gemachten Angaben sind auf vier Spalten verteilt:

1. Spalte: Gründungsjahr
Das Vereinsverzeichnis ist chronologisch nach den im *Basler Adressbuch* verzeichneten Gründungsdaten geordnet. Die Angaben zum Gründungsjahr eines Vereines sind oft schwankend. Viele Vereine bestanden sicher schon vor dem offiziellen Gründungsdatum. Das erklärt auch die Angabe von zwei Gründungsjahren wie z.B. 1824/1867 für den Patronageverein. Solche Angaben müssen so interpretiert werden, dass dieser Verein 1824 gegründet und 1867 entweder reorganisiert oder wiederbelebt wurde.

2. Spalte: Erste und letzte Erwähnung im Adressbuch
Das erste Datum vor dem Schrägstrich gibt die erste Erwähnung im Adressbuch, das zweite die letzte Erwähnung. Steht an zweiter Stelle die Jahreszahl 1918, ist der Verein für den ganzen untersuchten Zeitraum ununterbrochen nachweisbar. Steht an zweiter Stelle ein früheres Datum, entspricht diese Jahreszahl der Streichung aus dem Adressbuch, was meistens die Auflösung des Vereins bedeutet.

Die Differenz zwischen dem Gründungsjahr und dem Jahr, in welchem sich ein Frauenverein zum ersten Mal im *Basler Adressbuch* eintragen lässt, gibt Aufschluss darüber, wie gross die Hemmung der in diesem Verein organisierten Frauen war, an die Öffentlichkeit zu treten.

3. Spalte: Name, Organisation, Leitung, Tätigkeit, Versammlungslokal

Bleibt sich der Name eines Vereines im untersuchten Zeitraum nicht gleich, werden die verschiedenen Namen chronologisch aufgeführt und mit Schrägstrich voneinander getrennt. In runder Klammer wird das Jahr des Wechsels vermerkt. Weiter finden sich in dieser Spalte Angaben zur Organisation des Vereins, zum Versammlungslokal und Angaben, ob die Leitung in weiblicher oder männlicher Hand lag. Nähere Hinweise zur Tätigkeit des Vereines werden nur gegeben, wenn diese nicht dem Namen entnommen werden kann.

Vereine, die sich zu einem bestimmten Zeitpunkt vom betreffenden Verein abgespalten haben, werden in chronologischer Reihenfolge nach dem Ursprungsverein aufgeführt.

4. Spalte: Zweck

Das *Basler Adressbuch* ordnete seit 1854 die Vereine in verschiedene Gruppen. An dieser Kategorisierung im Adressbuch änderte sich bis 1914 nichts mehr. Diese aus dem Adressbuch stammenden Kategorien werden wie folgt abgekürzt:

bi   Bildungsanstalt

ge   gemeinnütziger Verein

mu   Musik- und Kunstvereine

po   vaterländischer und politischer Verein

re   religiöser Verein

sp   Sportvereine (Vereine für Leibesübungen)

wi   technischer und wirtschaftlicher Verein

wo   wohltätiger Verein

ws   wissenschaftlicher Verein und Bildungsverein

Die Frauenvereine, welche mit dem Eintrag in das *Basler Adressbuch* bewusst einen Schritt in die Öffentlichkeit tun, können im untersuchten Zeitraum die Kategorie, in welcher sie sich selbst einordnen, wechseln. Diese Wechsel und die selbstgewählte Einreihung der Vereine in die verschiedenen Kategorien haben eine präzise Bedeutung und erlauben es, die folgende Skala zu erstellen, welche den Grad des «Öffentlichkeitsanspruches» eines Frauenvereines anzeigt: re – wo – ge – ws/bi – wi – po. In dieser Skala bedeutet also die Bezeichung «religiös» die niedrigste Stufe, die Bezeichnung «politisch» die höchste Stufe dieses Anspruches. Wird der Wechsel der Kategorie in Richtung von «religiös» nach «politisch» vollzogen, bedeutet dies also implizit einen zunehmenden Anspruch, an dem den Männern vorbehaltenen öffentlichen Leben teilzunehmen, welches von der Stufe «gemeinnützig» an auch das Frauenstimmrecht einschliessen kann. Ein Wechsel in umgekehrter Richtung deutet auf einen Rückzug aus der Öffentlichkeit hin und geht meist mit einem Stillstand der Vereinsentwicklung einher.

Gründung	Erwähnung	Name, Leitung, Lokal und Tätigkeit	Zweck
1824/1867	**1874/1918**	**Frauenverein für weibliche Gefangene/** **Patronageverein für entlassene weibliche** **Sträflinge (1887)/Schutzaufsichtsverein für** **weibliche Gefangene (1893)** Präsident und Sekretär ist der Pfarrer der Strafanstalt; Pfarrzimmer in der Strafanstalt (1884), Frauenabteilung im Lohnhof (1902)	ge
1830	**1854/1854**	**Frauenverein Kleinkinderschule «Zum Rupf»** Antistes; Aeschenvorstadt 11	–
1834	**1874/1918**	**Wohltätigkeitsverein der Frauen der** **israelitischen Gemeinde (société de bien-** **faisance de dames israélites)/Frauenverein** **der israelitischen Gemeinde (1880)/Israeli-** **tischer Frauenverein (1886)** Präsidentin; Privatwohnungen	wo
1835	**1874/1906**	**Sonntagsschulen für Mädchen** Pfarrer; Schulhäuser, Pfarrhäuser, Säle reli-giöser Vereine	ge
1838	1862/1862	**Verein für Sonntagssäle für Mädchen**	wo
1840	**1862/1880**	**Frauenverein für weibliche Erziehung in den** **Heidenländern** Präsident	re
	1874/1880	**Frauenarbeitsvereine der evangelischen** **Missionsgesellschaft** *«mit dem Haupt- und den Kinderhäusern* *unterhalten mehrere Frauenarbeitsvereine* *ständige Beziehungen»* (1874)	re
1850/1862	1883/1915	**Frauenverein für die afrikanischen Knaben-** **Anstalten (der Basler Mission)/Frauen-** **verein der Basler Mission für die afrikani-** **schen Erziehungsanstalten (1902)** Präsidentin	re

1911	1915/1918	**Frauenverein des allgemeinen** **protestantischen (liberalen) Missions-** **vereins (später Ostasienmission)** Präsidentin; liberales Pfarrhaus Leonhards- gemeinde	re
1841	**1854/1910**	**Frauenverein der Kleinkinderschule** **«Zum hohen Dolder»** Pfarrer von St. Alban; St. Alban-Vorstadt 35; *«unter Leitung eines Frauenvereins und spe-* *zieller Aufsicht von Pfr. S. Preiswerk»* (1877)	ge
1842	**1877/1880**	**Frauenverein zum Venedig** Präsidentin; Arbeitsverein	ge
1846	**1862/1862**	**Frauencomité der Kinderheilanstalt** Präsidentin	wo
1846	**1862/1909**	**Frauenverein der Theodorsgemeinde/** **Frauenverein für arme Kranke und** **Altersschwache von St. Theodor und** **St. Matthäus (1899)** (positiver) Pfarrer von St. Theodor; unterhält nachweislich von 1862 bis 1886 4 Diakonissen	wo
1846/1906	1911/1918	**Hilfsverein St. Theodor und Frauenverein** **für arme Kranke** (positiver) Pfarrer von St. Theodor; *«dem* *Verein stehen eine Diakonisse für Kranken-* *pflege und Wartefrauen für Hauspflege zur* *Verfügung. Abgabe von Milch und Kost an* *arme Kranke»* (1911)	wo
1846	1910/1918	**Frauenverein für arme Kranke St. Matthäus** (positiver) Pfarrer von St. Matthäus; Pfarrhaus	wo
1880	1883/1918	**Protestantischer Frauenverein in** **Kleinbasel/Protestantischer Frauenverein** **St. Theodor (1890)** (liberaler) Pfarrer von St. Theodor; Burgvog- tei (1890), Claraschulhaus (1894), Pfarrhaus (1896); Arbeitsverein	wo

1888	1906/1918	**Tabeaverein St. Theodor** Präsidentin; Hammerstrasse 27, Grenzacher-strasse 107 (1908); Arbeitsverein	wo
1898	1900/1918	**Frauenverein St. Matthäus** (liberaler) Pfarrer von St. Matthäus; Pfarr-haus; Arbeitsverein	wo
1903	1904/1918	**Verein für Gemeindekrankenpflege** **St. Matthäus/Verein für Hauspflege und** **Gemeindekrankenpflege St. Matthäus** **(1906)** (positiver) Pfarrer von St. Matthäus; Diako-nissen angestellt	wo
1903	1917/1918	**Phoebeverein St. Matthäus (Verein** **konfirmierter Töchter der Matthäusgemeinde)** Diakonisse; positives Pfarrhaus	re
1905	1910/1918	**Tabeaverein St. Matthäus** Präsidentin; Arbeitsverein	wo
1911	1912/1918	**Verein für Hausarbeit der** **Matthäusgemeinde** Präsidentin; vermittelt Hausarbeit an Frauen; Bläsistift	wo
1847	**1862/1886**	**(Positiver) Frauenverein von St. Leonhard** Präsidentin; Privatwohnungen	wo
1881	1883/1918	**L.St.L.: (Liberaler) Frauenverein zu** **St. Leonhard** liberaler Pfarrer von St. Leonhard; Spalen-schulhaus, dann Pfarrhaus; gegründet *zum* *Zweck der Unterstützung armer Familien,* *besonders Wöchnerinnen* (1887)	wo
1888	1889/1918	**Krippe zu St. Leonhard** (positiver) Pfarrer von St. Leonhard	wo
1909	1912/1918	**Verein für Hauspflege St. Leonhard** (liberaler?) Pfarrer von St. Leonhard	wo
1847	**1854/1918**	**Frauenverein in der** **Münstergemeinde/(Positiver) Frauenver-** **ein der Münstergemeinde für arme** **Kranke und Altersschwache (1884)** Antistes	wo

1881	1883/1916	**(Liberaler) Frauen(arbeits)verein in der Münstergemeinde** 1. Obersthelfer, 2. liberaler Münsterpfarrer; Pfarrhaus	wo
1911	1916/1918	**Verein für Hauspflege der Münstergemeinde** Herrencomité	wo
1848	**1862/1890**	**(Positiver) Frauenverein der Petersgemeinde/Frauenverein der Peters-gemeinde für arme Kranke (1889)** positiver Pfarrer von St. Peter	wo
1881	1883/1918	**Maria und Martha. (Liberaler) Frauenverein zu St. Peter/Frauenverein zu St. Peter zur Unterstützung für arme Frauen und Kinder (1885)** Pfarrer von St. Peter oder Präsidentin; Keller-gässlein 4, Pfarrhaus (1891); Arbeitsverein	wo
1893	1894/1918	**Krippe zu St. Peter** positiver Pfarrer von St. Peter	wo
1907	1909/1918	**Hilfsverein St. Peter (für Haus- und Krankenpflege)** positiver Pfarrer von St. Peter	wo
1848	**1862/1862**	**Armen-Hilfs-Verein für Frauenspersonen**	wo
1849	**1854/1899**	**Mägde-Anstalt, verbunden mit einer Kleinkinderpflege-Anstalt/Anstalt für Bildung weiblicher Dienstboten (1862)** männliches Comité *«in Verbindung mit einer Frauencommission von 6 Mitgliedern»* (1854); *«Heranbildung armer Mädchen zu tüchtigen Haus- und Kindermägden»* (1854), geführt von einer *Hausmutter*, seit 1877 *Vor-steherin* genannt	wo/ge (1874)

1852	1854/1918	**Diakonissen-Anstalt in Riehen** männliches Comité in Verbindung mit Frauencomité (nur 1854 ausdrücklich erwähnt); Ausbildung von Krankenpflegerinnen für Privatkrankenpflege und Spitäler, geführt von der Oberschwester mit dem Titel *Vorsteherin*	wo
1853	1854/1854	**Frauenverein der Kleinkinderschule am Klosterberg** Pfarrer von St. Elisabethen	
1857	1862/1916	**Anstalt zur Hoffnung (für schwachsinnige Kinder)** Herrencomité; *«die erste Einrichtung wurde durch einen Verein von 15 Frauen für 12 Kinder getroffen»* (Christ, S. 60), geführt von einem (verheirateten) *Vorsteher*	wo/ge (1874)
1858	1862/1875	**Mägdeherberge auf der Schoren** Herrencomité; von *Hausmutter* geführt; Schorenweg 7; Aufnahme dienstloser Mägde	wo
1875	1877/1918	**Marthastift zu St. Peter/Marthastift und Mägdeherberge (1884)** Peterskirchplatz 1	ge
1859/65	1874/1897	**Katholische Waisen- und Krankenanstalt** Männercomité, von katholischen Schwestern geführt; Riehentorstrasse 3, Hammerstrasse 45 (1884)	wo
1859/1865	1888/1918	**Römisch-katholischer Frauenverein/Katholischer Frauenverein Kleinbasel (1915)** Präsidentin, unter Aufsicht eines Geistlichen; Katholische Knabenschule, Spalenschulhaus (1907); Arbeitsverein	wo
1860/61	1874/1901	**Frauenvereine der Kleinkinderschulen zur Mägd und am Nadelberg 6** Pfarrer, seit 1891 unter Aufsicht der GGG	ge

1860	1874/1886	**Kleinkinderschule St. Elisabethen**	ge
		Pfarrer, *gegründet und unterhalten von Frau*	
		M. Merian-Burckhardt (1874), seit 1887 von	
		Chr. Merian-Stiftung geleitet und betrieben;	
		Elisabethenstrasse 16	

1860	1880/1918	**Frauenverein/Nähverein in der**	wo
		Methodistengemeinde	
		Ehefrau des Predigers; Kapelle Wallstrasse	
		12; Arbeitsverein	
1883	1880/1913	**Tabeaverein junger Töchter**	wo
		Ehefrau des Predigers; Kapelle Wallstrasse	
		12; Arbeitsverein	
1893	1894/1907	**Phoebeverein junger Töchter**	wo
		Präsidentin, ab 1896 Ehefrau des Predigers;	
		methodistisches Pfarrhaus Klingentalstrasse	
		64, ab 1895 methodistische Kapelle	
		Hammerstrasse 88	
1903	1914/1918	**Jungfrauenverein der Methodistenkirche**	wo
		Prediger; Kapelle Wallstrasse 12	

1861	1874/1918	**Frauenverein der Kleinkinderschule auf**	ge
		der Breite 4	
		gegründet, geleitet und betrieben von Frauen	

1861	1874/1918	**Frauenverein für Nähsäle von**	ge
		Fabrikarbeiterinnen	
		Präsidentin; in zeitweise bis zu 14 Lokalen,	
		meist Schulhäusern oder Lokalen der Stadt-	
		mission, bietet der Verein Raum und Anlei-	
		tung zum Nähen und Flicken an	

1863	1877/1877	**Frauencomité der Kleinkinderschule im**	ge
		Küchegässchen 6	
		unter Aufsicht der GGG	

| 1863 | 1877/1880 | **Damencomité Kleinkinderschule** | ge |
| | | **Missionsstrasse** | |

| 1863 | 1874/1874 | **Damencomité der Kleinkinderschulen** | ge |
| | | **Allschwilerstrasse 7** | |

1864	1886/1901	**Kleinkinderschule Jurastrasse18/** **Pfeffingerstrasse (Lukaskapelle, 1892)** Präsidentin	ge
1864	1877/1918	**Frauencomité der Kleinkinderschule der** **St. Jakobsgemeinde** Pfarrer, seit 1884 nur noch eine Vorsteherin erwähnt, seit 1908 von Bandfabrik De Bary & Co. geführt; Gellertstrasse 67 (1899)	ge
1864	1874/1874	**Frauenverein der Kleinkinderschule** **Heumattstrasse 13** Pfarrer	ge
1867	1877/1908	**Frauencomité der Kleinkinderschule** **Riehenstrasse 63/Cedernweg 21(1888)** von der GGG subventioniert, seit 1888 von Frau Pfarrer Staehelin-Hagenbach geleitet	wo/ge (1888)
1869	1874/1918	**Verein christlicher Mütter der römisch-** **katholischen Gemeinde** Präsidentin, unter Aufsicht eines Geistlichen; gemeinsame Andachten und Diskussion von Erziehungsfragen; Katholisches Mädchen- schulhaus, Pfarrhofskapelle (1880), Clarakirche (1884)	wo/re (1880)
1870	1874/1918	**Frauenverein für (weibliche) Hausarbeit** Präsidentin; Versammlungen in Privatwoh- nungen; 1-2 Verkaufslokale; Beschäftigung von Frauen, Weiterverkauf der Produkte	ge
1871	1874/1918	**Krippe zu St. Theodor/im Kleinbasel** **(1877)/Krippe Bläsistift (1889)** Vorsteherin, ab 1885 Präsident, 1895 Präsi- dentin, 1900 Vorsteher; Riehentorstrasse 21, Klingental 7 (1877), Bläsiringweg 14, Hammerstrasse 101, Bläsiringweg (1889)	wo

1871	1874/1918	**Krippe zu St. Alban**	wo
		Männercomité, ab 1893 Präsidentin eines parallelen Frauencomité erwähnt, ab 1911 nur noch Präsidentin; St. Albanvorstadt 70; *«Verpflegung von Kindern während der Arbeitszeit der Mutter»* (1894)	
	1874/1918	**Frauenarbeitsvereine und Kollektenverein des Kirchlichen Hilfsvereins**	re
		«dem (männlichen) Vorstand (des Kirchlichen Hilfsvereins) stehen zwei Frauenarbeitsvereine und ein (weiblicher) Kollektenverein zur Seite. Letzterer hilft die eigentliche Arbeit der Erhaltung des protestantischen Heils zu befördern; jene sorgen für Konfirmanden, Schulunterricht und Arme der Diaspora» (1874)	
	1874/1874	**Frauencomité der Kleinkinderschule von Jgfr. Katharina Spühler**	ge
		Rheingasse 23	
	1874/1874	**Frauencomité der Kleinkinderschule von Jgfr. Susette Aeschmann**	ge
		Badergässchen 23	
1875	1877/1918	**Kleinkinderschule im Bachlettenquartier**	ge
		ein Frauencomité wird nur 1877 erwähnt, nachher nur noch Männercomité; Schweizergasse 23	
	1877/1877	**Frauencomité der Kleinkinderschulen an der Hammerstrasse 28 und in der Klingentalstrasse 82**	wo
		von GGG subventioniert	
1877	1898/1901	**Kleinkinderschule Bläsiringweg 91**	wo
		Vorsteherin	

1878	**1880/1918**	**Christkatholischer Frauenverein/ Frauenverein der katholischen Landeskirche (1888)/Frauenverein der christkatholischen Gemeinde (1912)** Präsidentin, Sekretär Geistlicher; Petersschulhaus, Safranzunft, Cardinal (1902), Blaukreuz (1905); Arbeitsverein	wo
1895	1904/1918	**Kranken-Pflegeverein der katholischen Landeskirche** Präsidentin, seit 1905 Präsidium vakant; *«Hinweisung von Krankenschwestern»*	wo
1880	**1880/1918**	**Arbeiterinnenheimat/Mädchenheim (1913)** Männercomité; Klybeckstrasse 118, Drahtzugstrasse 53, Hammerstrasse 12(1894); *«gute und billige Pension für einzelstehende Arbeiterinnen»* (Führer, 1905)	ge
1880	**1913/1918**	**Union chrétienne française de jeunes filles** Präsidentin; Vereinshaus Nadelberg 6	re
1882	**1893/1918**	**Verein der Freundinnen junger Mädchen** rein weibliche Leitung, ausgenommen den Buchhalter; Schutz von arbeitssuchenden Mädchen und Frauen vor Mädchenhändlern und Zuhältern, Arbeitsvermittlung, Unterkunft	ge
1886	1902/1918	**Sonntagssäle für alleinstehende Töchter** je 1-2 Lokale in Gross- und Kleinbasel	ge
1890	1913/1918	**Bahnhofwerk** *«unterhält Agentinnen am schweizerischen Bundesbahnhof zur Beratung und Schutz unerfahrener Reisender»* (1913)	ge
1892	1896/1918	**Bahnhofheim** Steinentorberg 14, dann St. Jakobsstrasse 17; *«für durchreisende Damen und Mädchen»* (1896)	ge
1900	1904/1918	**Stellenvermittlungsbureau (für Basel und Umgebung)** Holbeinstrasse 11	ge

1906	1906/1918	**Stellenvermittlungsbureau nur nach auswärts** Holbeinstrasse 11	ge
1901	1902/1918	**Leonhardstift** Oberer Heuberg 32; Damenheim und Haushaltungsschule für junge Mädchen	ge
1880	**1883/1918**	**Marienstift/Dienstbotenasyl und Stellenvermittlungs-Bureau (1911)/ Marienhaus** Katholische Ordensschwestern; Horburgstrasse 54, zwischen 1895 und 1909 Filiale am Lindenberg 18; Pension und Stellenvermittlung sowie *«Privatkrankenpflege in der Stadt ohne Ansehen der Confession»* (1885)	ge
1883	**1884/1918**	**Asyl für weibliche Obdachlose, entlassene Sträflinge usw./Asyl für weibliche Obdachlose und schutzbedürftige Mädchen (1916)** Frauencomité; Herrengrabenweg 60, Nonnenweg 61 (1888)	ge
1883	**1887/1918**	**Anstalt für rekonvaleszente Kinder (auf dem Lysbüchel, 1899)** gegründet und unterhalten von Frau Elisabeth Sarasin-Sauvain, geleitet von einer Diakonisse; Elsässerstrasse 183, St. Albanringweg 165 (1899)	wo/ge (1907)
1887	**1888/1890; 1892/1912**	**Arbeiterinnenverein** Präsidentin; Organisation und politische Bildung der Frauen, Geselligkeit und Gesang; Gaststätten, Schulhäuser, Johanniterheim	po/wi
1891	1905/1912	**Verein graphischer Hilfsarbeiter undArbeiterinnen (Sektion des Schweizerischen Verbandes)** Präsident; Grütliheim, Gaststätten 1909, Johanniterheim 1910	wi

136

1891	1893/1901	**Schneiderinnen- und Weissnäherinnnen-Fachverein**	wi
		Präsidentin; Speiseanstalt Weisse Gasse, Grütliheim (1900); Berufsorganisation und Weiterbildung	
1895	1896/1897	**Frauenbund**	wi
		Präsidentin; Claraschulhaus	
1899	1911/1912	**Stauffacherinnen-Verein**	wi
		Präsidentin; Grütliheim	
1903	1904/1918	**Stauffacherinnen-Verein «Rütli»/Frauenverein Rütli (1907)**	wi/wo (1906)
		Präsidentin; Gaststätten; ab 1907 Arbeitsverein *«zu Gunsten der Armen»*	
1906	1908/1910	**Christlicher Verband der Textil-Arbeiter und -Arbeiterinnen**	wi
		Präsident	
1911	1911/1918	**Arbeiterbund Basel: Sektion: Arbeiterinnen**	wi
1913	1913/1918	**Sozialdemokratische Partei: Sektion: Sozialdemokratischer Arbeiterinnenverein Basel**	po
		Präsidentin; Johanniterheim	
1892	1899/1910	**Kinderheim Bethesda,**	wo
		Präsidentin, geführt von Diakonissen; Lehenmattweg 101; Entbindungsheim für ledige Mütter	
1892	1897/1918	**Verein der Schweizerischen Ameisen**	wo
		Frauencomité; *«Zweck des Vereines ist, die Armen zu kleiden, wozu der Verein die jungen Mädchen des Landes zu gemeinsamer Mitarbeit an diesem Liebeswerk einlädt»* (1892)	
1894	1901/1918	**Basler Hebammenverein (Sektion des Schweizerischen Hebammenvereins)**	wi
		Präsidentin; Hörsaal des Frauenspitals	
1895/(1905)	1908/1918	**Schweizerischer Lehrerinnenverein (Sektion Basel-Stadt)**	ge
		Präsidentin	

137

1897	**1898/1898**	**Damenturnverein** Steinenschulhaus	sp
1897	**1903/1918**	**Katholisch-internationaler** **Mädchenschutzverein** Präsidentin; katholische Parallelorganisation zu den Freundinnen junger Mädchen	ge
1912	1914/1918	**Fürsorgeverein des katholischen** **Mädchenschutzvereins Basel** Präsidentin; organisierte die unverheirateten katholischen «Töchter»	ge
1898/1903	**1900/1903**	**Damenstenographieverein Gabelsberger** Präsidentin; berufliche Weiterbildung	ws
1898	**1905/1918**	**Frauenverein «Vereinskapelle»** Präsidentin; Brantgasse 5; Arbeitsverein	wo
1898	**1899/1918**	**Damenstenographieverein (vereinfachte** **Stenographie)** Präsidentin; Töchterschule; berufliche Weiterbildung	ws
1900	**1903/1918**	**Rettungsheim für entlassene weibliche** **Sträflinge der Heilsarmee** Hauptquartier in Bern, geführt von einem weiblichen Offizier; Erasmusplatz 4, 1904 Breisacherstrasse 45 (Hinterhaus), 1908 Gundeldingerstrasse 446	ge
	1910/1918	**Frauenheim der Heilsarmee Basel** Breisacherstrasse 45	ge
1901	**1903/1918**	**Verein für Frauenmission** Männercomité; Sitz im Missionshaus	re
1911	1916/1918	**Missions-Schwesternhaus**	bi
1901	**1907/1918**	**Basler Frauenverein (Sektion des** **Verbandes deutsch-schweizerischer Frauen-** **vereine zur Hebung der Sittlichkeit)** rein weiblich; Herbergsgasse 1 (1908); Frauenfürsorge	ge

138

1903	1904/1918	**Zufluchtshaus für bedrängte Frauenspersonen** Frauencomité, geführt von einer Hausmutter; Holeestrasse 119, ab 1914 Socinstrasse 13	wo/ge (1907)
1904	1907/1918	**Jugendfürsorge für gefährdete und hilfsbedürftige Kinder**	ge
1905	1907/1918	**Stadtcomité/Pflegekinderwesen (1908)** hat in Verbindung mit dem Sanitätsdepartement die Überwachung sämtlicher Pflegekinder in Baselstadt unter sich	ge
1905	1907/1911	**Diensttöchterkommission** plaziert 14-16jährige Mädchen für häusliche Erziehung in Dienststellen	ge
1906	1907/1918	**Kinderstationen/Temporäre Versorgung der Jugendfürsorge mit Kinderstation** befasst sich mit der vorübergehenden Aufnahme verlassener und aufsichtsloser Kinder	ge
1907	1908/1918	**Frauenfürsorge und Rechtsschutz** Auskunftsstellen für bedrängte und schutzbedürftige Frauenspersonen	ge
1909	1911/1918	**Tagesheim** nimmt Kinder auf von Frauen, die tagsüber ihrem Verdienst nachgehen müssen	ge
1911	1911/1918	**Sozialer Zweig** Volksgärten, Nähnachmittage für Dienstboten, Nähabende für Frauen, Diensttöchterausbildung, Arbeitsvermittlung	ge
1911	1914/1918	**Arbeiterinnenkränzchen**	ge
1912	1913/1913	**Volksküche** Abgabe von vorgekochten Speisen an berufstätige Frauen, um ihnen die Arbeit der Zubereitung des Mittagessens abzunehmen	ge
1914	1916/1918	**Soziale Kurse** Aus- und Weiterbildung für Fürsorgerinnen und sozial engagierte Frauen in Verbindung mit der Vereinigung ehemaliger Töchterschülerinnen	ge
1901	**1903/1911**	**Basler Frauenchor** Präsidentin, ab 1908 Dirigent; Steinenschulhaus	mu

1901	1902/1918	**Verein für arme Wöchnerinnen**	wo
		Präsidentin	
1918	1918/1918	**Verein für arme Wöchnerinnen Grossbasel**	wo
1918	1918/1918	**Verein für arme Wöchnerinnen Kleinbasel**	wo
1902	**1905/1918**	**St. Elisabethenverein (römisch-katholischer Frauen- und Töchterverein zur Unterstützung der Armen im Sprengel der Klarakirche)**	ge
		Präsidentin unter Aufsicht eines Geistlichen; Arbeiterinnenheim; Armenfürsorge	
1902	**1903/1918**	**Abstinenter Frauen-Bund (Ortsgruppe Basel)/Schweizer Bund abstinenter Frauen (1905)**	ge
		Präsidentin; Töchterschule, ab 1914 Johanniterheim	
1903	**1905/1918**	**Turnerinnen-Verein Basel**	sp
		Präsidentin; Turnhalle Töchterschule	
1904	**1909/1913**	**Jungfrauenverein der Evangelischen Gemeinschaft**	re
		Prediger; Kapelle der evangelischen Gemeinschaft	
1904	**1905/1918**	**Verein abstinenter Lehrer und Lehrerinnen (Sektion Basel)**	ge
		Präsident	
1905	**1908/1918**	**Töchterunion Basel/Frauen-Union (1914)**	ws
		Präsidentin; Pfluggasse 1, ab 1914 Freie Strasse 39; Alkoholfreie Kaffee- und Speisewirtschaft, wissenschaftliche und praktische Kurse (deshalb von 1908 bis 1910 als Privatschule eingetragen), Vortragsabende, gesellige Zusammenkünfte, Stellenvermittlungsbüro für Büroangestellte und Verkäuferinnen	

1905/(1861)	1905/1907	**Weibliche Sektion des Schweizerischen Katholikenvereins (vorher Piusverein)** Geistlicher; Knabenschulhaus, Lindenberg 8	re
1906	1913/1918	**Freya (Bund abstinenter Mädchen)** Präsidentin; Kaffeehalle zum Johanniter, ab 1918 Johanniterheim	ge
1907	1909/1912	**Abstinenter Mädchenbund «Aequitas»** Präsidentin; Johanniterheim	ge
1909	1911/1918	**Frauenchor Gundeldingen, Basel** Präsidentin	mu
1912	1915/1918	**Schweizerischer Katholischer Frauenbund, Sektion Basel** Präsidentin, unter Aufsicht eines Geistlichen; Dachverband der katholischen Basler Frauenvereine	re/ge/wo
	1915/1918	**Marienverein St. Clara** Präsidentin; Clarakirche	re
	1915/1918	**Marienverein Hl. Geist-Gemeinde** Präsidentin; Hl. Geist-Kirche	re
	1915/1918	**Marienverein St. Joseph-Gemeinde** Präsidentin; St. Josephs-Kirche	re
	1915/1918	**Marienverein der Mariengemeinde** Präsidentin; Marienkirche	re
1869	1915/1918	**Mütterverein St. Clara-Gemeinde** Präsidentin; Clarakirche; gemeinsame Andachten und Diskussion von Erziehungsfragen	re
	1915/1918	**Mütterverein Hl. Geist-Gemeinde** Präsidentin; Hl. Geist-Kirche; gemeinsame Andachten und Diskussion von Erziehungsfragen	re
	1915/1918	**Mütterverein Marien-Gemeinde** Präsidentin; Marienkirche; gemeinsame Andachten und Diskussion von Erziehungsfragen	re
	1915/1915	**Seraphisches Liebeswerk** Präsidentin	re

1902	1915/1918	**Elisabethenverein St. Clarapfarrei**	wo
		Präsidentin; Arbeiterinnenheim, Klingental-strasse 59; Arbeitsverein	
	1915/1918	**Elisabethenverein Marienpfarrei**	wo
		Präsidentin; Vincentianum, Socinstrasse 42; Arbeitsverein	
	1915/1918	**Elisabethenverein zur Unterstützung der Armen der St. Joseph-Pfarrei**	wo
		Präsidentin; Jugendpatronat, Markgräfler-strasse 16; Arbeitsverein	
	1915/1918	**Elisabethenverein Hl. Geist-Pfarrei**	wo
		Präsidentin; Pfarrhaus; Arbeitsverein	
1859/65	1915/1918	**Frauenverein Kleinbasel**	wo
		Präsidentin; Leimenstrasse 1; Arbeitsverein: *«Weihnachtsbescherung armer katholischer Kinder Klein-Basels»* (1915)	
1894	1915/1918	**Frauenverein Grossbasel**	wo
		Präsidentin; Borromäum, Byfangweg 15; Arbeitsverein: *«Weihnachtsbescherung für die armen Kinder der Sonntagsschule Gross-Basels»* (1915)	
	1913/1918	**Katholischer Dienstbotenverein Basel**	ge
		Geistlicher; Marienkirche für grössere Ver-sammlungen und Vereinsfeste, Marienhaus	
1913	1915/1918	**Fürsorge-Verein (des katholischen Mädchenschutzvereins)**	ge
		Präsidentin	
1905	1915/1918	**Industria Kleinbasel: Verein für katholische weibliche Angestellte und Arbeiterinnen**	ge
		Präsidentin; Jugendpatronat, Markgräfler-strasse 16; Hauswirtschaftskurse, Gesellig-keit, Kassen und Versicherungen	
1912	1915/1918	**Industria Marienpfarrei**	ge
		Geistlicher; hauswirtschaftliche Kurse	
1914	1915/1918	**Industria Hl. Geist-Pfarrei**	ge
		Geistlicher; Pfarrhaus	
	1915/1918	**Lehrerinnenverein**	ge
		Präsidentin	
1896	1915/1918	**Mädchenschutzverein**	ge
		Präsidentin	

1910	1915/1918	**Töchterhilfsverein**	ge
		Präsidentin	
1913	1915/1918	**Verein für Haus- und Wochenpflege**	ge
		Quartierleiterinnen	
	1915/1918	**Krankenschwestern Marienhaus**	ge
		Horburgstrasse 54	
	1915/1918	**Krankenschwestern Vincentianum**	ge
		Socinstrasse 42	
1914	1915/1918	**St. Anna-Schwestern für Kranken- und Wochenpflege**	ge
		Reichensteinerstrasse 17	
1914	1915/11918	**Verein für Heimarbeit des katholischen Frauenbundes (Kriegshilfe)**	ge
		Präsidentin; Borromäum	
1914	1915/1918	**Rettungsheim St. Katharina**	ge
		Direktorin; Holeestrasse 117-119, *«Zufluchtsstätte und Erholungsheim für verwahrloste und fürsorgebedürftige Mädchen»*	
1913	**1915/1918**	**Vereinigung der ehemaligen Handelsschülerinnen der Töchterschule (V.e.H.)**	bi
		Präsidentin; Töchterschule; Organ: «Vereinigung»	
1916	**1918/1918**	**Vereinigung für Frauenstimmrecht**	
		Präsidentin, nimmt auch Männer als Mitglieder auf	

Anhang zu Kapitel IV, Abschnitt 1:

Auszüge aus einem Brief von Esther Emilie Sarasin-Forcart in Tenniken an ihre Mutter Margaretha Forcart-Iselin in Basel vom 17. und 18. September 1831: Schreibung und Interpunktion von sj normalisiert

Schweizerisches Wirtschaftsarchiv, Handschriften 268

Samstag, den 17. September 1831 Abends 8 Uhr

Gleich nachdem ich deine kostbaren, erquickenden Worte, teure Mutter, erhalten habe, muss ich hinsitzen und mich so gut ich kann mit dir unterhalten. Vor allem muss ich sagen, dass scheints ein Brief von mir verloren gegangen ist, da ihr auch gestern einen hättet bekommen sollen. Da ich alle 3 Botentage, Mittwoch, Donnerstag, und gestern durch den Helden (Name des Briefboten, sj) geschrieben habe. Adolf gab aber den seinigen vom Donnerstag dem Eptinger Boten und ich dem Sissacher. Ja Gottlob! Der Herr war in der vergangenen Nacht unser Schutz, unser einziger Schutz! Wir wussten selber nicht, in was für einer Gefahr wir schwebten. Ruhig, nach dem erhaltenen Bericht, dass die (eidgenössischen, sj) Truppen in Sissach angelangt seien, legten wir uns zu Bette, als wir auf eine unangenehme Weise durch starkes, unaufhörliches Schiessen geweckt wurden. Wir hörten gleich, dass es ganz vor unserem Hause war, aber ich weiss nicht, ich hatte im geringsten keine Angst, und wenn ich nicht so schläfrig gewesen wäre, so wäre ich aufgestanden, um zum Fenster hinaus zu schauen, dachte dann aber doch, ich sei im Bett hinter der Mauer auf jeden Fall sicherer. Nachdem es so eine Zeitlang fortgewährt hatte und es endlich wieder stille wurde, schliefen wir wieder ein. Am Morgen machte Adolf gleich die Runde ums Haus, bemerkte aber nichts, und die Leute behaupteten, es sei auch nicht auf unser Haus geschossen worden. Aber bald kamen unsere Maurerlein (im Pfarrhaus wurden gerade Umbauarbeiten vorgenommen, sj), die ganz anderen Bericht brachten, da sie auf mehrere Löcher in der Mauer als um den Kreuzstock unserer Schlafstube und den der Mägde, herum und eines in dem Laden der oberen Eckstube zeigten. Nun gingen wir gleich in die Stube, wo wir uns dann noch kurz überzeugen konnten, wie es gemeint war, denn da war wirklich die Kugel durch den Laden dem Bett gegenüber gekommen, hatte an der Decke des Zimmers gestreift, muss dicht neben der Lampe, die auf dem Ofen steht, vorbei sein und hat noch ein Loch in die Mauer gemacht. Die Kugel fanden wir auf dem Boden. Dass uns diese Entdeckung eine grosse Emotion, die ich noch spüre, gemacht hat, kannst du denken, geliebte Mutter. Ich kann nicht sagen, dass ich vor den Kugeln Angst habe, aber zu wissen, dass Leute, denen man gewiss nie keinen Anlass zu solchem gab, und die immer so freundlich gegen uns taten, Leute aus der Gemeine (Pfarrgemeinde, sj), solches tun könnten, das ist fast nicht zu ertragen. Adolf wollte auch gleich zum Präsidenten (Gemeindepräsidenten, sj) gehen und mit ihm, der den Tag zuvor im Dorf herum geloffen war mit drohender Miene die Leute zu ermahnen, auszuziehen, über die Sache zu reden, ob er uns gegen solchen Unfug sicher stellen wolle und könne: Wenn er es nicht versprechen könne, so würden wir sogleich aus der Gemeinde gehen. Er war aber in einer solchen Bewegung, dass er noch im Zimmer auf und ab ging, als man schon die Trommeln hörte und bald darauf das Militär kommen sah. Ich wusste nicht, ob ich mich darüber freuen sollte. Alt und Jung lief, die Soldaten zu sehen. Bald kamen zwei Offiziere, die sich als unsere Gäste ankündigten, und bald darauf bekamen wir noch einen dritten, einen Fourrier. Nun ging der Jammer bei mir erst an. Lisbeth, die ich in der Hoffnung, es werden Briefe für uns beim Boten sein, nach Sissach geschickt hatte, auch um Brot und Fleisch zu bringen, kam so leer nach Hause als sie gegangen, - man könne nirgends etwas bekommen. Nun wusste ich nicht, was anfangen. Ich benahm mich auch kindisch, ich sagte, ich wolle fortlaufen etc, etc. Wie ich eben bin im ersten Augenblick. – Zuletzt brachte ich doch noch ein Mittagessen zu Stande. – Aber ich bin jetzt so aufgeregt, dass mich jede Kleinigkeit aus der Fassung bringt. – So eben komme ich aus der Betstunde, die mich recht erquickt hat! Denn den ganzen Tag konnte ich mich nicht sammeln. Sie handelte über den 121. Psalm. – Was mir noch am schwersten das Herz drückt – ist, dass ich so wenig fähig bin zum Beten. Es ist ein rechter Trost zu wissen, dass es andere für mich tun. Ich hätte auch nie geglaubt, dass ich so leidenschaftlich wäre. Es ist wahrlich kein leichtes Gebot, seine Feinde zu lieben! Nein, was haben wir doch nicht schon erleben müssen, seitdem als wir hier oben sind!…

Ich bin froh, dass ihr der Aufforderung von Frau Pfr. E. nicht Gehör gabet. Es wäre für uns unangenehm gewesen. Gewiss hatte der Pfr. E. eine Ahnung, dass unser erster Gedanke diesen Morgen war, in die Stadt zu gehen, kannst du denken, aber als die Fassung wieder kam, konnten wir kälter überlegen, was es für Folgen haben würde. Auf jeden Fall müsste man noch untereinander darüber reden können. Denn zu dem Wiederzurückkommen braucht es dann sowohl soviel Mut als jetzt zum Bleiben, insonderheit in gegenwärtigen Umständen. Zwar lauten die Berichte, die Adolf von seinem Vater erhielt, keineswegs beruhigend für die Zukunft. Aber einstweilen sind wir ganz sicher, haben wir ja doch eine Wache vor dem Haus. Auch wir haben in den Liedern zu Paul Gerhard schon recht Trost gefunden, sie sind ganz herrlich, und ganz besonders für diese Zeit geeignet. Aber ich werde so schrecklich weitläufig! Es wäre gar zu köstlich, jetzt wieder mündlich mitteilen zu können, was einer auf dem Herzen hat; denn so herrlich es ist, sich wenigstens schreiben zu können, so ist es doch eine ziemlich unvollkommene Freude, besonders jetzt, da man nicht einmal alles schreiben darf…

Sonntag, den 18. September 1831

…Von heute hätte ich dir wieder ein Brief zu schreiben. Ich will es so kurz wie möglich machen. Wir hatten eine ganz ruhige Nacht. Wie gewöhnlich gingen wir um 9 Uhr in die Kirche. Adolf predigte über die Worte Math. Kap. 22, 35–42. Er war beim ersten Gebet schon so bewegt, dass ich ganz nicht aufsehen konnte. Im Eingang zog er die Ereignisse der vergangenen Tage mit grosser Bewegung an. Die Weiber waren sehr gerührt. Die Predigt war denn sehr ernst, und sie mussten alles hören und auch, dass wir von Herzen gern allen verzeihen werden. Aber sie müssten kommen, welche auf uns geschossen, um uns um Vergebung zu bitten! Als dann erst könnte das Geschehene wieder gut gemacht werden und sollte auch ganz vergessen sein. Die Bewegung, in der ich war, kannst du dir, liebe Mamma, denken. Glücklicherweise kam er ganz in keinen Affekt und sagte auch nichts, das bei kälterer Überlegung ihn hätte unangenehm machen können. Alles war ganz still, es war viel Militär in der Kirche. Aber wie ein Donnerschlag war für uns, als wir heraus kamen, zu hören, dass unser Offizier ordre erhalten hatte, nach Buus zu ziehen, und wir wieder ohne Militär hier bleiben sollten, was umso ärger war, da Hug erwartet wurde, um eine Gemeine zu halten. Zudem hatten wir noch eine explication mit dem einten Gemeinderat, der auch sehr in die Sache gegeben hatte. Nun diese Szene, die auf der Laube vorfiel, kann ich nur mündlich schildern. Wenn du dir Frau B. in ihrer Leidenschaft denkst, wie sie mit so einem Mann reden würde, so kannst du dir ungefähr einen Begriff davon machen. Wenn Adolf aufhörte, so donnerte ich darein. Es hiess N.B. sein Sohn habe auch gegen unser Haus geschossen, was er aber bestimmt für falsch erklärte. Indessen verstummte er zuletzt und ging fort. Auf das hin mussten wir uns natürlich entschliessen, fort zu gehen. Denn eine Nacht ohne Besatzung unter solchen Umständen hier zu bleiben, wäre ein Frevel gewesen. Adolf ging also zu Gschirri, der auch bereit war, uns nach Basel zu fahren. Der Gedanke war für mich schrecklich, denn ich dachte an die Folgen. Mittlerweile drängen die Officiers auf das Mittagessen, es war noch nicht 11 Uhr. Ich liess schnell Tische etc machen. Ich konnte nicht mitessen, ich war zu agitiert und packte ein. Da auch sie meinten, es wäre besser fort zu ziehen, obschon morgen auf jeden Fall wieder Mannschaft ins Dorf kommen werde, Bündner! Sie nahmen sehr ruhig Abschied. Nun war es aber ruchbar geworden im Dorf, wir wollten fort. Der Schulmeister kam zuerst und sagte, er wolle mit dem Gemeinderat sprechen, dass der uns Sicherheit verspreche. Nun folgte ein anderer Auftritt. Zuerst kam der Präsident, der schon lange nicht mehr das Pfarrhaus betreten hatte, um uns zu fragen, ob wir wirklich fort wollten, worauf wir ihm zur Antwort gaben, er werde es gewiss nicht missbilligen. Da er uns keine Sicherheit habe geben wollen, und keine in der vorletzten Nacht und wir also eine zweite Schreckensnacht, die ja viel Unglück über sie selbst bringen würde, nicht abwarten wollten. Und sagten ihm bei der Gelegenheit auch offen unsere Ansicht über sein Benehmen bei der Sache. Während wir mit ihm sprachen, kam der zweite Gemeinderat, der den Morgen da gewesen war, auch in der Absicht, sich mit uns zu verständigen und uns von unserem Vorhaben abwendig zu machen. Nun sagten wir ihnen, wenn sie wünschten, dass wir länger hier bleiben sollten, so müssten sie uns Garantie geben können, dass uns nicht wieder solches geschehe, und auch das verlangten wir, dass die, welche geschossen hatten, um Vergebung bitten sollten. Gschirri als dritter Gemeinderat kam auch noch dazu und sagte auch manche gute Worte zu den zwei andern. Indessen musste ich mich wieder ganz mit dem Präsidenten versöhnen, der ein-

146

gestand, dass er auch Unrecht hatte und dass es ihm schrecklich war, als er gehört, wie es gegangen. Der Mann hatte doch ein gutes Herz und ist aber ganz betört worden. Sie versprachen, dass sie ihr Möglichstes tun wollten, diejenigen, die schuldig sind, zu bewegen, bei uns um Vergebung anzuhalten. Es (sic) haben auch in dieser Absicht wirklich eine Gemeine zusammengeläutet. Dass uns auf keine Art und Weise etwas geschehen sollte, wolle der Präsident mit seiner ganzen Person gut dafür sein. Unter solchen Bedingungen konnten wir ohne Furcht ihm zusagen, einstweilen noch zu bleiben. Und es freute uns doch zu sehr, dass es ihm darum zu tun war...

Anhang zu Kapitel IV, Abschnitt 2:

Paragraph 1–36 der Statuten des Israelitischen Frauenvereins in Basel, circa 1880:

Staatsarchiv Basel, Israelitische Gemeinde Basel, Privatarchiv 793

Die im Laufe der Zeit vor sich gegangene und stets sich noch steigernde Zunahme der hiesigen israelitischen Gemeinde machen es dem bisher ohne Statuten bestandenen israelitischen Damen-Verein zur Nothwendigkeit, sich mit bestimmten Satzungen zu versehen, um einerseits das Wesen und die Wirksamkeit desselben genauer festzustellen, andererseits, um den einzelnen Mitgliedern über ihre Pflichten und Rechte eine Richtschnur an die Hand zu geben.

Diese Statuten wurden in der letzten General-Versammlung vorberaten und vom Verein in folgender Fassung angenommen.

I. Zweck des Vereins.

1. Der israelitische Damen-Verein in Basel stellt sich zur Aufgabe
   a. seinen Mitgliedern in Krankheits- oder Todesfällen, in Armuth und Unglück mit Rath und That hilfreich beizustehen;
   b. israelitische Arme weiblichen Geschlechts von hier und in der Umgegend regelmässig zu unterstützen, wie auch zeitweilig in Noth Gerathenen zu helfen,
   c. in den gleichen Fällen hilfsbedürftigen durchreisenden Glaubensgenossen Beistand zu gewähren.

II. Aufnahme und Beiträge.

2. Mitglied des Vereins kann jede hiesige israelitische Dame werden, welche sich zu einem der nachfolgend verzeichneten monatlichen Beiträge verpflichtet.
3. Die Aufnahme erfolgt nach vorheriger mündlicher oder schriftlicher Anmeldung durch das Comité.
4. Je nach eigenem Ermessen erklärt sich ein eintretendes Mitglied für eine der vier Beitragsklassen von 20 cts., 50 cts., fr. 1.– oder fr. 1,50 cts. per Monat.
5. Diese Beiträge werden vierteljährlich und zwar pränumerando erhoben.

III. General-Versammlungen.

6. Zur Vornahme etwaiger Wahlen, zur Erstattung des Jahresberichts, zur Vorlage der Jahres-Rechnung und Vereinsbilanz, sowie zur Erledigung weiterer Vereinsangelegenheiten findet jährlich womöglich im Monat Januar die ordentliche Generalversammlung des Vereins statt.
7. Die Einladungen hierzu seitens der Präsidentin sollen in der Regel drei Tage vorher erfolgen.

8. Über die Verhandlungen der General-Versammlung ist ein geordnetes Protokoll-Buch zu führen, und jedes Protokoll vom Comité zu unterzeichnen.

9. Der Besuch der General-Versammlung ist obligatorisch und verfallen ausbleibende Mitglieder in eine Strafe von **einem Franken**.

10. Jede erschienene Anzahl Mitglieder ist wahl- und beschlussfähig.

11. Bei den Abstimmungen und Wahlen entscheidet das absolute Mehr.

12. Zur Behandlung von Vereins-Angelegenheiten deren dringliche Natur eine Verschiebung bis zur nächsten ordentlichen General-Versammlung nicht erleidet, hat die Präsidentin eine ausserordentliche General-Versammlung einzuberufen.

IV. **Verwaltung.**

13. An die Spitze des Vereins wird in der General-Versammlung auf die Dauer von zwei Jahren in geheimer Abstimmung ein Comité von 6 Mitgliedern gewählt, bestehend aus

einer Präsidentin

einer Vice-Präsidentin

einer Kassiererin und

drei weitern Mitgliedern.

14. Die Wahl der drei erstern Mitglieder des Comités erfolgt gesondert, die der drei letztern zusammen.

15. Mutter oder Schwiegermutter und Tochter, sowie auch Schwestern können nicht gleichzeitig Mitglied des Comités sein.

16. Die Annahme einer Wahl ist obligatorisch, wenn die Gewählte nicht in der abgelaufenen Periode dem Comité angehörte.

V. **Funktionen des Comités im Allgemeinen.**

17. Den Damen des Comités liegt es ausser der regelmässigen Leitung des Vereins ob, denselben überall, wo seine Hilfe nöthig wird, in würdiger, seinem humanen Zwecke entsprechender Weise zu repräsentieren, und so den Mitgliedern mit dem guten Beispiele getreuer Pflichterfüllung voran zu gehen.

18. Es ist demnach deren Pflicht, wo Armuth, Krankheit, Todes- oder sonstige Unglücksfälle es fordern, sich durch persönliches Erscheinen von den Verhältnissen zu unterrichten, das im vorliegenden Falle Zweckmässigste anzuordnen oder selbst zu thun und so helfend und tröstend dazu beizutragen, die Noth des Nebenmenschen zu lindern.

19. Erkrankt ein Mitglied oder eines seiner weiblichen Angehörigen oder männlichen Kinder von jüngerem Alter, so sollen nach erhaltener Anzeige täglich, vorausgesetzt, dass die Krankheit nicht ansteckender Art ist, zwei Comité-Damen abwechselnd im Krankenhause vorsprechen.

20. Eingehende Unterstützungsgesuche sind vom Comité zu prüfen und hat dasselbe nähere Erkundigungen über Würdigkeit und Bedürftigkeit der Bittsteller einzuziehen.

21. Um sich gegenseitig die bezüglichen Mittheilungen machen zu können, ist von der Präsidentin alle 3 Monate eine Comité-Sitzung einzuberufen.
22. Über diese Sitzungen ist ebenfalls Protokoll zu führen und von den anwesenden Comité-Damen zu unterzeichnen.

VI. Funktionen der Comité-Mitglieder im Einzelnen.

23. Die Präsidentin leitet die Angelegenheiten des Vereins und überwacht die genaue Einhaltung der Statuten. Sie beruft die Generalversammlungen und Comité-Sitzungen u. führt in denselben den Vorsitz. Sie bezeichnet der Reihe nach die Wächter bei Kranken und decretirt die aus der Vereins-Casse zu leistenden Unterstützungen und sonstigen Ausgaben.
24. Ihre bezügliche Competenz erstreckt sich bis auf fr. 20.–, mit Zustimmung des Comités auf fr. 50.–. Die Verausgabung höherer Beträge bedarf der Genehmigung der Generalversammlung.
25. Die Vice-Präsidentin vertritt die Präsidentin bei deren Verhinderung in sämmtlichen vorgenannten Funktionen.
26. Die Kassiererin fertigt die vierteljährlichen Einzugslisten und die bezüglichen Quittungen aus, sorgt für den richtigen Eingang der Vereinsgelder, bestreitet die decretirten Unterstützungen und Ausgaben, führt über das Kassenwesen regelmässige Buchung und legt alljährlich der General-Versammlung die Jahres-Rechnung vor. Sie ist gleichzeitig Schriftführerin des Vereins. Sie hält ein geordnetes Verzeichnis der Mitglieder, macht in den General-Versammlungen den Appell u. führt bei derselben und in den Comité-Sitzungen das Protokoll.
27. Die drei übrigen Comité-Damen unterstützen und remplaciren nöthigenfalls die drei erstern in ihren Funktionen.

VII. Pflichten der Mitglieder.

28. Ausser den laut Art. II Abs. 4 zu leistenden monatlichen Beiträgen ist jedes Mitglied verpflichtet, den Anordnungen der Präsidentin gemäss bei kranken Vereinsangehörigen oder deren erkrankten Familiengliedern (laut Art. VI § 23) zu wachen, ferner in Todesfällen beim Nähen der Sterbekleider behülflich zu sein.
29. Sie kann sich durch eine dazu fähige ehrbare Person ersetzen lassen, bleibt jedoch immerhin für richtige Erfüllung dieser hauptsächlichen Vereinspflicht selbst haftbar.
30. Damen, welche auf Anordnung der Präsidentin weder selbst bei Kranken wachen, noch sich in richtiger Weise (§ 29) oder gar nicht vertreten lassen, verfallen in eine Strafe von fr. 2.– und wird auf ihre Kosten durch das Comité eine Stellvertreterin bestellt.
31. Verweigert eine Dame die Rückerstattung der für diese Stellvertreterin gehabten Auslagen, sowie die Entrichtung der Strafe, so wird sie aus dem Verein ausgeschlossen.

VIII. **Rechte der Mitglieder.**

32. Erkrankt ein Vereins-Mitglied oder eines seiner weiblichen Angehörigen ohne eigenen Hausstand oder eines seiner männlichen unter 13 Jahren, so ist das Comité verpflichtet, sobald der Arzt die Nothwendigkeit constatirt **und das bezügliche Verlangen gestellt wird**, bei dem Kranken Nachts durch zwei und je nach Umständen auch am Tage durch eine Person wachen u. warten zu lassen.

33. Fehlen in einem Sterbehause die Todtenkleider, so beruft die Präsidentin die nöthige Anzahl von Vereins-Mitgliedern, um solche anzufertigen.

34. Vereins-Mitglieder, deren Lage es erheischt, haben Anspruch auf Unterstützung durch den Verein.

35. Die Höhe des betr. Betrages zu bestimmen ist dem Comité innerhalb seiner Competenz anheim gegeben, doch soll die regelmässige Unterstützung nie unter fr. 7.– und nie über fr. 15.– per Woche betragen.

36. Zu sämmtlichen in §§ 32–35 ausgesprochenen Leistungen ist der Verein nur auf ausdrückliches Verlangen des betr. Mitgliedes verpflichtet, und trifft im Unterlassungsfalle das Comité keinerlei Vorwurf.

Anhang zu Kapitel IV, Abschnitt 3:

Tagebuch von Elise Heiniger für den Januar 1881: alle Namen wurden von sj anonymisiert

Staatsarchiv Basel, Evangelische Gesellschaft für Stadtmission, Privatarchiv 771, A 1

Noditzen Januar 1881. (Ein *Tagebuch* fasst für das Comité stichwortartig die wichtigsten Besuche des Monats zusammen, sj)

Frau A. Steinenvorstadt N 46.

Es ist eine alte 75 Jahre Alte Frau. Sie hat 3 erwachnere (sic) Kinder 2 davon sind Verheirathet und haben daher genug zu sorgen für ihre eignen Familien. Die ledige Tochter ist ihre einzige Stütze. Die Frau hat früher durch Waschen ihr Brod verdient, jetzt aber ist sie natürlich zu alt dazu. Sie sind katholisch. Sie kann auch nichts mehr lesen, hat es nie gelernt lesen, und ist daher sehr froh, wenn ich zu ihr komme und ihr etwas lese und mit ihr bete.

Frau S. Steinengraben.

Diese ist auch eine alte Frau und hat noch eine Tochter bei sich. Die Frau wahr sehr betrübt. Sie hat ein Sohn gehabt er war Wirth in Binningen. Lebte aber nicht gut mit seiner Frau hat auch Schulden gehabt und nahm sich schliesslich vor lauter Verzweiflung sein Leben.

Frau G. Steinenvorstadt 6.

Diess sind christliche brave Leute, aber sehr arm. Sie haben oft nichts zum Essen. Der Mann hat keine Arbeit. Darum ist auch ihre Noth so gross.

Pauline S. Mittlerestrasse N 23.

Eine alleinstehende Tochter, sie geht auf die Fabricke. Nun aber liegt sie krank im Bett, sie hat ein Herzleiden, und dazu leidet sie noch an einem Fuss 2 (?) Jahre, als sie verdiente musste sie alles an die Gesundheit wenden. Nun kann sie nicht mehr verdienen und ist daher sehr arm. Sie kommt schon 10 Jahre in unser Verein, und ist eine christliche Tochter.

Frau B., Witwe, Petersgraben N 37.

Eine Seideputzerin verdiente aber in 14 Tagen nur 4 Fr, und so konnte sie nicht leben, sie musste Hunger leiden. Als sie sich nicht mehr zu helfen wusste schrieb sie nach Zell an ein Fabrikherr für in die Fabricke welcher sie aufnahm, ist sie nach Zell gegangen, es gab ihr nur zu bedenken, weil dort alles katholisch ist und sie Protestant.

Frau G. Petersgraben 20.

Es ist eine brave Familie sie giengen immer zu unsern Geistlichen in die Kirche, da lernten sie eine Tochter kennen, die krank war u. Herr Pfarrer Wirth (liberal?, sj) besuchte sie, und die Tochter sei so ruhig geworden und sehr zufrieden gestorben. Da könne man gewiss nicht sagen, dass seien keine rechten Pfarrer, denn wenn einer nicht recht glaube, so könne er nicht reden wie dieser reden.

Frau W. Spalenberg 58 N.

Der Mann ist ein Schumacher, aber schon ½ Jahr krank, die Frau gieng auf die Fabricke, da kam sie ins Wochenbett, bekam noch das Nerfenfieber und starb, das Kind lebte und ist noch eine alte Mutter da. Aber sehr arme Leute, der Mann krank, doch geht in der Gesundheit besser und 140 fr Hauszins schuldig, auch waren sie in keiner Krankenpflege, und die Frau war im Spital noch schuldig. Aber der Mann sagt es würde ihm alles nichts machen, wenn nur die Frau noch lebte.

Frau S. ‹Spalenberg› N 12.

Eine Wittwe mit 4 Kinder, es ist eine christliche Frau, sie kommt seid vielen Jahren in den Frauenverein. Sie kommt oft sehr in die Noth und ich suche sie als so viel ich kann zu unterstützen.

Anhang zu Kapitel IV, Abschnitt 4:

Beschreibung der Arbeiterkonferenz in Olten 1890 aus der Sicht des Arbeiterinnenvereins Basel: Schreibung und Interpunktion von sj normalisiert

Staatsarchiv Basel, Privatarchiv 716, Sozialdemokratische Partei Basel-Stadt, E 1,1: Protokolle des Arbeiterinnenvereins Basel 1887–1890

Die Delegierten sämtlicher schweizerischen Arbeitervereine haben die Oltenerversammlung zu dem Zwecke anberaumt, um ihre Interessen gemeinsam zu besprechen und um dieselben hernach dem grossen Rate zur Ausarbeitung und Genehmigung zu unterbreiten.

Auch die Arbeiterinnenvereine aus verschiedenen Kantonen haben Vertraute zum gleichen Zwecke nach Olten geschickt. Sie haben sich gegenseitig erkundigt über die Verhältnisse und Fortschritte der Vereine. Im blühendsten Zustande steht der Bernerverein. Er zählt gegen 100 Mitglieder. 32 Mitglieder bilden eine Gesangssektion. Alle 14 Tage halten die Bernerinnen abwechselnd Vereinssitzungen und Diskussionsstunden. Durch den Winter halten sie eine allabendliche Handarbeitsschule in ihrem eigenen Lokale ab, für welches sie vierteljährlich frr. 40 zinsen. Ihre Monatsbeiträge betragen 30 ctms. Zwei Mitglieder haben den Samariterkurs, für welchen sie frr. 70 honorieren mussten, mitgemacht, den sie dann im Verein den übrigen Genossinnen beibrachten.

Präsidentin «Frau Steck» soll eine sehr tüchtige sein und den Verein mit grossem Geschick und Ausdauer leiten. Der Zürcherverein besteht nur aus 40 Mitgliedern und bezahlt 20 ctms. Monatsbeiträge. Es soll in diesem Kanton schwierig sein, einen Frauenverein aufrecht zu erhalten, da die Arbeiterinnen noch schlechter verdienen, als wir in Basel. Wir hören, dass sie für 25 ctms. ein Herrenhemd verfertigen müssen und halbe und ganze Nächte hindurch arbeiten müssen, um nur noch etwas verdienen zu können.

Die Zürcherinnen fragen, wie es anzufangen sei, Mitglieder in den Verein zu erhalten, da die Arbeiterinnen nicht einmal das Brot verdienen?

Der Winterthurerverein zählt 35 Mitglieder und bezahlt 20 ctms. per Monat. Sie meinen, Frauen können nichts anders als streiten und haben deshalb zur Leitung ihres Vereins einen Präsidenten gewählt.

Die St. Gallerinnen zählen 60–70 Mitglieder und zahlen monatlich 30 ctms. Beiträge. Die Löhne der St. Gallerinnen sind so niedrig, dass sie täglich bloss auf 1.20–1frr.30 kommen. Sie arbeiten halbe Nächte hindurch und erhalten dann für 40 Meter Stickereien 25 ctms. Bringen sie aus Unvorsichtigkeit eine Kaffeemose (Kaffeefleck, sj) in die Ware, so werden sie 4frr. bestraft, so dass sie für Strafen ganze Wochenlöhne verlieren müssen. Unser Mitglied «Frau Boder» meint, dass es keine Kaffeemosein in die Stickereien gäbe, wenn die Arbeiterinnen Fleischsuppen zu essen kriegten. Auf Ansuchen unserer Präsidentin gab uns Genosse Bährenwart (Bärwart, sj) noch einige mündliche

154

Aufklärung über die Punkte: Haftpflichtgesetz, Lohnstreitigkeiten und Fabrikgesetze. Im letzten Traktandum lenkte Präsidentin das Wort auf Frau Zettkin (Clara Zetkin, sj), es sollte niemand versäumen, dem Vortrag dieser Rednerin beizuwohnen. Auch ein Antrag auf Reisevergütung unserer Oltnerdelegierten wurde eingebracht, wogegen der Vereinsbeschluss dahinaus lief, der Delegierten 5frr. Taggeld und die Eisenbahnfahrt zu vergüten.

Anhang zu Kapitel IV, Abschnitt 5:

Auszüge aus dem Kollektenblatt Nr. 27 des Verbandes deutschschweizerischer Frauenvereine zur Hebung der Sittlichkeit, verfasst von Lily Zellweger-Steiger

Staatsarchiv Basel, Privatarchiv 882: Basler Frauenverein am Heuberg, Kollektenblätter des Verbandes deutschschweizerischer Frauenvereine zur Hebung der Sittlichkeit

Man sollte es den Männern sagen

Die Frauenversammlung war zu Ende. Der Saal entleerte sich langsam, und in kleinen Trüpplein gingen die Zuhörerinnen ihres Weges. Da und dort stunden sie still und sprachen über das Gehörte. Der Vortrag hatte sie gepackt…

Unten an der Treppe stand eine Gruppe junger Mädchen in eifrigem Gespräch…
«Mich aber hat etwas anderes ganz kolossal gefreut», lachte eine fröhliche Mädchenstimme. «Wisst ihr was? Dass es heute Abend immer wieder hiess: Die Mütter sollten es doch auch ihren Söhnen sagen. Sie haben es ebenso nötig wie wir, ganz sicher. Aber alle Moralpredigten gelten immer nur uns armen Mädchen und Frauen. Man sollte meinen, die Herren der Schöpfung seien in diesen Stücken vollkommen oder unverbesserlich, ha, ha!»
«Vielleicht hat niemand rechten Mut es ihnen zu sagen», warf der Blondkopf ein. «Aber ich bin fest überzeugt, dass mancher junge Mann anders denken und sich benehmen würde, wenn er in ähnlicher Weise wie wir heute über sein Verhalten gegenüber dem weiblichen Geschlecht und über seine Pflichten als künftiger Gatte und Vater aufgeklärt würde»…

Indessen waren die beiden Frauen langsam weiter gegangen. Sie hatten einen ziemlich weiten Heimweg und waren froh, dass noch zwei oder drei andere Zuhörerinnen sich ihnen anschlossen. So brauchte man sich nicht zu fürchten und konnte ruhig weiter plaudern. Natürlich drehte sich das Gespräch wieder um den gehörten Vortrag. Die kleine Frau Meier seufzte mehrmals tief auf.
«Na, Frau Meier, Sie haben da nichts zu seufzen; Sie sind ein Musterfrauchen und Ihre Kinder sind so gut geraten als möglich», meinte Frau Herzog gutmütig. «Aber ich mit meinen Rangen… Sie wissen ja, was ich Schreckliches erlebt habe mit meiner Marie. Kaum der Schule entwachsen, schon mit vierzehn Jahren nichts als dumme Flausen im Kopf, den Burschen nachlaufen, lachen, tändeln, immer frecher und gröber. Kein Wort durfte ich ihr sagen. Und dann kam was kommen musste und nun sitzt sie in der Anstalt um erzogen zu werden und das Kindlein ist uns zur Last. *So jung und schon so verdorben*, schimpfen die Leute und ich habe selbst hundertmal so gesagt. Heute aber ist

mir's wie Schuppen von den Augen gefallen, wer eigentlich schuld ist. Sie war doch früher solch gutes und zartfühlendes Kind. Es ist genau so wie wir hörten: man nimmt sich gar nicht in Acht, was man vor den Kindern redet; schwatzt und scherzt oft über die intimsten Dinge vor ihnen, über Ehe, Niederkunft, Mutterschaft, Skandalgeschichten aller Art und begiesst so die kleine reine Menschenknospe mit schmutzigem Wasser. Da klage ich mich heute bitter an. Aber das ist nicht alles. Wir haben Kostgänger, Sie wissen ja; es geht viel aus und ein bei uns. Und dann im Fabriksaal und in der Käserei, wo Marie die Milch holte – ach, überall, überall hat's so schrecklich viele Männer, die die grösste Freude daran haben, solch junges halbwüchsiges Mädchen mit anzüglichen Worten, wüsten Ausdrücken und Liedlein, Zärtlichkeiten zum Erröten zu bringen, *so lange, bis es das Erröten verlernt hat.* Gerade die verheirateten Männer sind darin oft die allerschlimmsten.»

«Man sollte es ihnen (den Männern, sj) doch sagen; ja, man sollte es ihnen sagen!» Wie ein Hilferuf, so angstvoll und bittend klang es durch die Nacht. Die Frauen sahen sich verwundernd an. War das die stille, in sich gekehrte Frau Gerber, die so gerufen hatte? Nie hatte man eine Klage von ihr gehört; still und schlicht ging sie ihren Weg, half dem Mann treulich bei der Gärtnerei, und versorgte und erzog die Kinderschar, welche jedes Jahr neuen Zuwachs erhielt.

«Was sollte man ihnen denn sagen?» Fragte Frau Herzog.

«Nun, gerade das, was Sie vorhin erwähnten wegen dem vielen losen, wüsten Reden und Tun, womit die jungen Mädchen oft schon mit zehn und zwölf Jahren zur Dirne trainiert werden. Das und noch vieles vieles andere,» entgegnete Frau Gerber mit ungewohnter Lebhaftigkeit, welcher man die innere Bewegung anmerkte.

«Zum Beispiel wegen der Erziehung», warf Frau Meier ein. «Nun haben wir wieder den ganzen Abend über unsre Fehler und Missgriffe und über die mütterliche Verantwortung reden hören; immer stellt man die Frau als eigentliche Erzieherin des Kindes dar; alle mündlichen und schriftlichen Ermahnungen, Belehrungen und Vorwürfe auf diesem Gebiet gelten ihr. Und wir sind auch dankbar dafür, weil wir selbst Erkenntnis genug besitzen um zu wissen, dass wir es nötig haben. Aber wenn man auch uns Frauen in erster Linie verantwortlich macht, so hat doch der Mann in allen wichtigeren Fällen das entscheidende Wort, auch wenn er sich sonst gar nicht um die Kinder kümmert. Das finde ich nicht richtig. Versteht mich wohl,» fuhr die kleine Frau eifrig fort, «es ist ganz richtig und ordnungsgemäss, wenn der Vater das letzte Wort hat. Er ist doch das Oberhaupt des Hauses und hat für vieles einen weitern, welterfahrnern Blick, sowie mehr Festigkeit und Konsequenz als wir. Aber die Männer sind auch nicht als fertige Erzieher vom Himmel gefallen… Warum schreibt man nicht auch pädagogische Lehrbücher für Väter… Mein Ideal wäre, dass die Eltern mit ihren verschiedenen Naturen und Gaben einander in der Erziehung ergänzten. Dafür aber müssten sie sich darüber besprechen können, gemeinsam ein orientierendes Buch lesen, einen Plan, ein Ziel im Auge haben einer ganzen Erziehung… O, wie manche wirklich gewissenhafte Mutter wäre so froh, wenn der Mann sich auch Zeit nähme, die wichtigen Erziehungsfragen mit ihr zu beraten, wie er immer Zeit findet die Zeitung zu lesen, ins Wirtshaus zu gehen, dem Vieh im Stall, den Äckern, dem Geschäft, allem andern nachzusinnen - aber nie die Schulhefte und Zeugnisse der Kinder, ihre innere und äussere Entwicklung, ihr Gemütsleben, ihre guten und schlimmen Anlagen zu studieren…»

«Aber, meine Gute, wir haben ja die ganze Zeit über von nichts anderem geredet! Das ist ja eigentlich alles an ihre Adresse: wegen dem groben, wüsten Reden und Tun, wegen der Erziehung, den Gesetzen und dem, was rechte Frauen in dieser Beziehung von rechten Männern erwarten. Allerdings bewegt mich noch anderes. O, man sollte es ihnen sagen, von berufener Seite sagen, dass …». Frau Gerber zögerte einen Augenblick, dann fuhr sie langsam fort: «Ach, ich meine so vieles über das Eheleben und die Mutterschaft, wovon sie oft solch' traurige Begriffe haben… Hunderte suchen in der Ehe nur den materiellen Vorteil, den sinnlichen Genuss, eine Sanktionierung ungezügelter Leidenschaften. Sie meinen in der Ehe sei alles erlaubt, dürfe man sich gehen lassen, soviel man wolle, haben keine Ahnung von der hohen heiligen Bestimmung derselben. O, wie viel *stilles Märtyrertum* gibt es da gerade unter den besten Frauen! Und wie oft nehmen es ihnen ihre Männer noch bitter übel, wenn wieder ein neuer Zuwachs in die Familie kommt, ohne zu bedenken, dass ein Kind nicht nur einer Mutter, sondern in erster Linie einem Vater das Leben verdankt.»

Eine Weile war alles still. Dann hub Frau Herzog an: «Wisst Ihr, dass heute nachmittag die brave, fleissige Frau Bieler gestorben ist, ganz schnell?» Und als alle sich entsetzten und ihr grosses Mitleid mit der betroffenen Familie aussprachen, erzählte Frau Herzog weiter: «Sie waren wohl arm, aber eine der friedlichsten, glücklichsten Familien, die wir haben. Er ging nicht ins Wirtshaus, brachte seinen ganzen Lohn heim und die Frau war häuslich, herzensgut und unermüdlich tätig. Jedes Jahr ein Kind. Nun sind's 9 oder 10, das Älteste kaum 13 Jahre alt. Beim Zweitletzten sagte der Doktor: «Sie müssen nun unbedingt Ruhe und Schonung haben für längere Zeit. Sie sind vollständig erschöpft und geschwächt und können vorläufig nichts derartiges mehr aushalten.» Das war vor einem Jahr. Heute kam zwei Monate zu früh das Kleinste an und die Mutter starb natürlich an Herzschwäche. Der Mann ist ganz verzweifelt. Es ist aber auch schrecklich. Wie kann Gott solches zulassen gerade da, wo man sich doch so lieb hat?»

«O Frau Herzog!» Die kleine Frau Meier wandte sich hastig nach der betreffenden um. «Sollte man nicht vielmehr sagen: Wenn man sich doch so lieb hat und die Konsequenzen seiner Handlungsweise kennt, warum tut und lebt man nicht danach? Solches Sichgehen lassen ist nicht Liebe, sondern Selbstsucht und Schwäche, die an unendlich vielen Frauen zum Mörder geworden ist. Die rechte Liebe ist stark, mit Gottes Hilfe auch im Entsagen, wenn es sein muss. Wir wollen doch einmal wahr und klar sein und nicht immer leichthin Gott verantwortlich machen für Dinge, die eigentlich gar nicht nach seinem Willen sind… Und der Apostel Paulus gibt die goldene Ehestandsregel: «*Mit Vernunft*!» O, dass sie überall mit goldenen Lettern angeschrieben wäre, wieviel geheimes Elend, Krankheit und zerstörtes Glück müssten von selber schwinden!»

Anhang zu Kapitel IV, Abschnitt 6:

Briefwechsel zwischen Anna Herzog-Widmer und dem Sanitätsdepartement, November 1912

Staatsarchiv Basel, Niederlassungen H 5, 1

Pflegekinder-Wesen
Sektion des Vereins z‹ur› H‹ebung› d‹er› S‹ittlichkeit›
Basel

Basel, den 4. Nov. 1912

Tit. Sanitätsdepartement,

Hochgeehrter Herr Regierungsrath!

Wir entnehmen einem Rathschlag des Regierungsrathes an den Grossen Rath über «Jugendfürsorge in Basel», der am 29. Juni a‹nni› c‹u›r‹ren›t‹is› in allen Tagesblättern des Kantons veröffentlicht wurde, ein Programm pro 1913 des Sanitätsdepartement, betreff gänzlicher Selbstverwaltung des Pflegekinderwesens.

Die Zurückziehung des auf 1. Jan. 1907 dem Frauenverein z.H.d.S. übergebenen Mandates: Aufsicht des Pflegekinderwesens, wurde uns bis heute noch nicht angezeigt, wesshalb wir vorläufig keine Änderung der Kontrolle voraussehen. Sollten Sie aber Ihr Projekt lt. Voranschlag auf 1. Jan. 1913 ausführen, so ersuchen wir Sie dringend um sofortige Anzeige, damit wir rechtzeitig unseren Betrieb darnach richten können.

Mit vorzüglicher Hochachtung
Pflegekinderwesen
Die Vorsteherin:
A. Herzog-Widmer

(Entwurf)   Basel, den ‹4.› Nov. 12

Frau Pfr. A. Herzog-Widmer,
Vorsteherin des Pflegekinderwesens
des Frauenvereins z.H.d.S.
<u>Basel</u>

Sehr geehrte Frau Pfarrer.

In Beantwortung Ihrer Anfrage von heute beehren wir uns Ihnen mitzuteilen, dass wir Ihnen über die zukünftige Gestaltung des Pflegekinderwesens heute noch keine bestimmten Angaben machen können.

Wir haben dem Regierungsrat anfangs Sommer unsere Anträge unterbreitet. Derselbe hat noch vor den Sommerferien dem Grossen Rat hierüber berichtet, der Grosse Rat jedoch diesen Bericht bis heute noch nicht behandelt. Solange dies nicht geschehen ist, ist es uns auch nicht möglich für die beabsichtigten Änderungen irgenwelche Vorbereitungen zu treffen.

Wir möchten Sie hiemit freundlichst bitten zur Besprechung der Angelegenheit nächster Tage auf unserem Sekretariat vorzusprechen.

Hochachtungsvoll
Sanitätsdepartement
Der Vorsteher

Anhang zu Kapitel IV, Abschnitt 7:

Auszüge aus dem Entwurf des Protokolls der Generalversammlung des Katholischen Frauenbundes Basel vom 15. Dezember 1912: Schreibung und Interpunktion von sj normalisiert

Archiv des Katholischen Frauenbundes Basel-Stadt, Basel

…Nach einem herzlichen Begrüssungswort der Präsidentin erteilt dieselbe das Wort an Frl. Feigenwinter zum Vortrag über soz‹iale› u‹nd› charitative Aufgaben der Frau. Sie führt ungefähr folgendes aus: Was heisst charit‹ativ› arbeiten, was heisst soz‹ial› arbeiten. Der einzelne kann nicht viel erreichen, darum braucht es grosse Organisationen. Das bildet geschulte Kräfte (wahrscheinlich: grosse Organisationen, welche geschulte Kräfte anstellen und ausbilden können). Warum nimmt sich bei uns niemand um grosse Fragen an:

1. Grund: unsere kath‹olische› Bevölkerung (in Basel, sj) ist ärmer als die Prot‹estanten›.

Der 2. Grund liegt in mangelndem Verständnis.

3. Grund ist falsch verstandene Bescheidenheit.

Frau Gutzwiller verdankt die schöne, wegleitende Arbeit und ermuntert alle, mitzuwirken an den Zielen des Fr‹auen›b‹undes›. Sie betont ferner, dass kein einziger unserer katholischen Frauenvereine die Jugendfürsorge als spez‹ielles› Arbeitsfeld gewählt hat und dass wir in dieser Hinsicht etwas tun sollten (eminent politische Bemerkung von Emilie Gutzwiller-Meyer: im Februar 1912 war eine Subvention von Fr. 5000.– des Justizdepartements für die Jugendfürsorge des Basler Frauenvereins zur Hebung der Sittlichkeit im Grossen Rat am Widerstand des Freisinns, der Katholiken und der Sozialdemokraten gescheitert, hingegen bewilligte der Grosse Rat einen Budgetposten von Fr. 10'000.– für Subventionen an private Organisationen, welche sich mit Jugendfürsorge beschäftigen, sj). Dann empfiehlt sie der Vers‹ammlung› den Besuch des soz‹ialen› Kurses der diesen Winter (vom sozialen Zweig des protestantischen Basler Frauenvereins zur Hebung der Sittlichkeit, sj) abgehalten werden soll.

Hierauf wird die Diskussion eröffnet über:

A. **Haus und Wochenpflege**: Frl. Feigenwinter liest einen diesbezüglichen Plan vor. Er lautet:

1. Der H‹aus-› u‹nd› W‹ochen-›Pfl‹ege›verein will kath‹olische› Familien, wo die Mutter wegen Krankheit oder Wochenbett verhindert ist, die Haushaltung zu besorgen, eine unentgeltliche Aushilfe für die Hausgeschäfte stellen.

2. Jede in Basel wohnende kath‹olische› Familie oder Einzelperson kann Mitglied werden, wenn sie einen jährlichen Beitrag von mindestens 2 Fr. bezahlt.

3. Die Familie hat das Recht, auf 10-14 Tage lange Wartung der Kranken und Besorgung der Haushaltung durch eine Pflegerin. Letztere wird vom Verein bezahlt.
4. Für Benützung des Pflegevereins wende man sich an die Bezirksleiterin oder das zuständige Pfarramt (die Lösung dieser Frage scheint offengelassen worden zu sein wegen Kompetenzstreitigkeiten zwischen dem Comité des Frauenbundes und den Pfarreien, sj).

Die Diskussion wird benützt vom

H‹och›w‹ürden› H‹e›‹r›r Pfarrer Weber:

Er ist der Ansicht, dass etwas geschehen muss. Wir sind in vielen Dingen noch zurück (auch hier wohl Anspielung auf die politische Notwendigkeit, Strukturen zu schaffen, die gegenüber dem Staat Ansprüche auf Subventionen machen können, sj). Er ermuntert in kurzen Worten, auf den Vorschlag einzugehen und eine Commission (von Geistlichen und Vertreterinnen der katholischen Frauenvereine, sj) zu bestimmen, die die Sache an die Hand nimmt.

Frl. Dr. Ternetz:

Begrüsst ebenfalls den Vorschlag. Sie frägt an, ob man nicht 2 Abteilungen von Pflegerinnen machen könnte: Solche, die sich der Pflege der Armen annähmen, und solche, die die Pfl‹ege› bei besser Situierten versehen. Diese sollten dann mehr bezahlen als nur 2 Fr. pro Jahr. So würde ein finanz‹ieller› Fonds entstehen, der für die Pfl‹ege› der Armen bestimmt wäre.

Frl. Feigenwinter:

Ist der Meinung, dass eine Zweiteilung der Pflegerinnen nicht gut zu machen wäre. Wer für den Verein mehr bezahlen will als 2 Fr., dem wird es natürlich gerne abgenommen. Dann hoffen wir auch, dass viele die Hauspfl‹ege› nicht in Anspruch nehmen müssen, das käme dann schon den Armen zugute.

Der H‹och›w‹ürden› Herr Pfarrer Weber bittet, nicht in Detailfragen einzutreten. Wenn eine Commission ernannt ist, wird diese das Reglement aufzustellen haben. Er glaubt, die Versammlung sollte dem Vorstand (des Frauenbundes, sj) den Auftrag geben, eine Commission zu wählen.

Die Präsidentin fragt die Vers‹ammlung› an, ob sie mit folgender Resolution einverstanden sei:

«Der Vorstand des Fr‹auen›b‹undes› wird ersucht, mit den «Spitzen des Elisabethenu‹nd› Vinzenzvereines eine Commission «zu ernennen, die die Organi‹sation› der H‹aus-› u‹nd› «W‹ochen-›Pfl‹ege› an die Hand nimmt.

Die Versammlung ist hiermit einverstanden.

Frl. Müller scheint an dem Werke das Schönste zu sein, dass hier Arbeit sei für alle Stände. Wir brauchen die besser situ‹ierten› Leute für die Kasse, wir brauchen aber auch Leute, die die Pflege ausführen, da sollen sich die andern melden. Denn schöner als zahlen sei, seine Kraft einsetzen für ein gutes Werk.

Der **H‹och›w‹ürden› Herr Pf‹arrer› Mäder** spricht ebenfalls in diesem Sinne. Ferner äussert er den Wunsch, bei der Org‹anisation› der H‹aus-› u‹nd› W‹ochen›-Pfl‹ege› die Vertreterinnen der verschiedenen Vereine einzuberufen und die Sache nach den Pfarreien zu dezentralisieren (das heisst, der Aufsicht durch die jeweiligen Geistlichen zu unterstellen, nicht einer gemischten Commission oder dem Vorstand des Frauenbundes, sj).

Der **H‹och›w‹ürden› Pf‹arre›r Weber** spricht dafür, dass nicht eine Deleg‹ierten-›Vers‹ammlung›, sondern der Vorstand des ‹Frauen›b‹undes› die Sache an die Hand nehme, damit das Projekt nicht unnötig verzögert werde.

Dieser Antrag (von Pfarrer Weber, sj) wird einstimmig angenommen.

Es folgt **Punkt 2 der Disk‹ussion›**: Gefangenen-Fürsorge und Spitalbesuch.

Frl. Meyer, Pr‹äsidentin› des Mädchenschutzvereins bittet, die Fürsorge für Gefangene (wohl in erster Linie Prostituierte im Lohnhof, sj) dem Fürsorge-Verein des Mädchenschutzes zu überlassen. Ferner bemerkt sie, dass sie bereits die Erlaubnis eingeholt hätten, im Frauenspital (bei den unverheirateten Wöchnerinnen, sj) vorzulesen und gute Lektüre zu verteilen.

Die Präsidentin verdankt das Anerbieten des Fürsorge-Vereins und betont, es wäre eine schöne Aufgabe für Marien-Vereine, die Krankenbesuche im Bürgerspital (bei den dort zwangsinternierten geschlechtskranken Prostituierten, sj) zu übernehmen…

Als letzter **Dis‹kussions-›Punkt** kommt **gemeinsame Jahresversammlung**:

Die Präsidentin fragt an, ob es nicht gut wäre, anstatt der vielen Jahresvers‹ammlungen› an einem Tag sich zusammen zu tun. Jeder Verein sollte seinen Jahresbericht vorlesen. Damit werde eine gegenseitige Fühlung eher zustande kommen u‹nd› jeder Verein wieder angespornt zu neuem Schaffen. Auch hätte die h‹och›w‹würdige› Geistlichkeit den Vorteil, nur einen Tag hergeben zu müssen anstatt viele (die Präsidentin versucht hier, den Einfluss der Geistlichen auf die einzelnen Vereine zu vermindern, sj).

Der **H‹och›w‹ürden› Herr Pfar‹rer› Weber** spricht sich gegen den Antrag aus. Jeder Verein muss seine General-Vers‹ammlung› haben. Sie ist statutengemäss. Es könnte aber jeder Verein einen kurzen Tätigkeitsbericht dem Fr‹auen›b‹und› vorlegen.

Der Vorschlag des H‹och›w‹ürden› Herr Pf‹arrer› W‹eber› wird angenommen…